최고의 선택

성공과 실패의 갈림길에서 당신을 구해줄

어느 철학자의 질문수업

최고의 선택

김형철 지음

리더스북

어중간한 철학은 현실을 저버리지만 완전한 철학은 현실로 인도한다.

_ **카를 야스퍼스**

리더의
서랍에는
철학이
숨어 있다

갑자기 불이 꺼진다. 정전이 일어난 것이다. 곧바로 주위가 칠흑같이 어두워진다. 그도 그럴 것이 여기는 지하 슈퍼마켓이라 창문도 없다. 에어컨도 꺼졌다. 여름이라 금세 공기가 뜨거워진다. 그런데 더 큰 문제는 계산단말기도 작동하지 않는다는 사실이다. 자, 당신이 이 지하 슈퍼마켓에서 일하는 직원이라면 어떻게 하겠는가? 일단 전력회사에 전화를 한다.

"여보세요. 여기 정전이 돼서 그러는데요. 언제쯤 전기가 들어오나요?"

"현재로서는 알 수가 없습니다. 원인을 조사하는 중입니다. 조금만 기다려주세요!"

딸깍하고 전화가 끊긴다. 5분 뒤 다시 해보지만 돌아오는 건 "좀더 기다려 달라."는 실망스러운 얘기뿐이다. 어둠 속에서 장바구니를 든 채 계산을 기다리는 고객들이 웅성대기 시작한다. 어린아이들의 울음소리도 들린다. 더 이상 기다릴 수가 없다. 자, 이제 결단을 내려야 할 시간이다. 당신이 이 직원이라면 어떤 선택을 하겠는가?

1. 고객들에게 "카트에 담긴 물건은 그 자리에 놓아달라."고 한다. 그런 다음, 안전하게 밖으로 나갈 수 있도록 인도한다. 쇼핑은 다음에 해달라고 말한다.
2. 고객들에게 "일단 쇼핑한 물건은 집으로 가져가세요."라고 한다. 어쨌거나 지금은 계산을 할 수 없으므로 편한 시간에 다시 와서 물건 값을 지불해달라고 요청한다.

어떤가? 당신이라면 어떤 결정을 내리겠는가? 1번? 아니면 2번? 실제 그 직원은 어떤 결정을 내렸을까? 놀랍게도 그 직원이 내린 결정은 1번, 2번 어느 것도 아니었다. 그가 내린 선택은 이랬다.

"고객 여러분, 정전으로 불편을 드려 죄송합니다. 전기가 언제 들어올지 알 수 없는 상황입니다. 바구니에 담은 물건은 그냥 집으로 가져가세요. 그리고 물건 값은 여러분이 원하는 자선단체에 기부해주세요. 모두들 안전하게 이곳을 나갈 수 있도록 제가 도와드리겠습니다. 자, 다들 조심해서 따라오세요."

어느 한적한 동네의 지하 슈퍼마켓에서 일어난 일은 이렇게 일단락되는 듯했다. 그런데 끝이 아니었다. 이 사건 아닌 사건이 지역 미디어에 퍼진 것이다. 나중에는 전국 미디어에서도 연일 보도하며 직원을 영웅이라 말한다. 요즘 같은 각박한 세상에서 이처럼 선한 의지를 가진 사람은 찾기 힘들다며 칭찬을 퍼붓는다.

나중에 슈퍼마켓 본사 감사팀이 조사해보니 그날 정전으로 없어진 물건 값은 대략 4천 달러였다. 여러분이 감사팀이라면 어떤 조치를 내리겠는가? 직권남용이라며 직원에게 징계를 내리겠는가? 내린다면 어떤 일이 벌어질까? 세상에서는 착한 사람이라고 떠받드는데 회사에서 징계를 내린다면 회사 이미지는 곤두박질할 것이 분명했다. 본사 홍보팀에서 분석한 바에 따르면, 일주일간 미디어에 노출된 회사의 긍정적 이미지를 통해 얻은 광고 효과는 돈으로 환산하면 40만 달러에 달했다. 이 직원이 내린 결정은 과연, 최고의 선택이었다.

그럼 여기에서 여러분에게 묻겠다. 이 직원이 내린 결정이 최고의 선택이라 생각하는가? 그렇게 생각한다면 어째서 최고의 선택인 걸까?

첫째, '최상의 성과'를 가져오면 최고의 선택일까? 4천 달러 투자해서 40만 달러를 벌어들인 투자 효과는 결코 무시할 수 없는 요소다. 그렇다고 성과가 높으면 무조건 최고의 선택일까? 반대로 최상의 성과를 가져오지 못하면 최고의 선택이 될 수 없는가? 성과는 최고의 선택인지 아닌지를 결정하는 중요한 요소이다. 그러나 그것이 필요충분조건은 아니다.

둘째, '최선의 노력'을 다할 가치가 있다면 그것이 최고의 선택일까? 당연히 우리는 중요한 사안에 대해 최선을 다한다. 그러나 이것만을 기준으로 최고의 선택을 했다 말할 순 없다. 그렇다면 최고의 선택이란 무엇일까?

최상의 성과. 최선의 노력. 중요하다. 하지만 전부는 아니다. 여기에 하나를 더해야 한다. 바로 공생의 정신이다. 수십 수백 억 원이 오가고, 수만 명 직원들의 생계가 걸린 사안에서 결정을 내릴 때 공생의 정신이 필요하다고? 당혹스러울지 모르겠다. 하지만 숫자로 승패가 결정 나는 비즈니스도 사람이 하는 일이다. 사람을 위해 하는 일이다. 어떻게든 공생과 통하고 만다.

쇼핑한 물건을 각자 집으로 가져가게 한 직원의 결정은 고객의 행복을 위한 조치다. 회사나 본인을 위한 이기적인 선택이 아니다. 물건 값을 가져오라고 하지 않고 자선단체에 기부하라고 한 것 역시 세상의 도움을 필요로 하는 이들의 행복을 위한 조치이다. 회사나 본인에게 직접적 이익이 돌아오지 않는 이타적 선택이다. 이 책에 등장하는 일본 기업 유키지루시 이야기를 비롯한 많은 사례들이 이처럼 결국에는 협력업체, 직원, 고객과의 상생을 말하고 있다.

이 책이 최고의 선택을 위한 방정식과 해법을 제시할 거라 생각했다면 여기에서 분명하게 말하겠다. 그렇지 않다. 독자들에게 정제된 행동지침을 제시하지 않는다. 오히려 무엇이 옳고 그른지, 어떤 결정을 내려야 하는지 혼란을 불러올 거라 생각한다. 최고의 선택을 해야 하는 절체절명의 순간은 누구에게나 찾아온다. 다만 그 순간이 언제 올지는 모를 일이다. 이 책은 그런 순간에 대비해 평소 창의적이고 지혜로운 선택을 할 수 있도록 생각의 길이 열리는 다양한 사례와 질문을 던진다.

철학자는 진단은 잘하지만, 처방을 잘하지 못한다. 철학자는 삶의 의미를 찾는 방법을 같이 고민하지만, 존재의 의미를 독단적으로 제시하지는 않는다. 철학자가 바라본 경영의 세계는 늘 소용돌이와 같다.

"이 세상 모든 것은 변한다. 변한다는 사실만이 변하지 않을 뿐이다."

그리스 철학자 헤라클레이토스가 한 말이다. 이 같은 변화의 소용돌이에서 우리는 최고의 선택을 해야 한다.

정답이 없는 문제에서 정답을 찾으려 애쓰는 이들에게 나는 최소한의 가이드와 철학적 사유법을 제시하고자 한다. 인문학의 사유 방식이 경영에 접목될 수 있도록 노력을 다하기는 했지만, 그 결과가 어떤지 나로서는 가늠하기 어렵다. 그 성공 여부는 오롯이 독자 여러분의 판단에 맡기겠다.

Contents

1. 군주는 왜 공포의 대상이 되어야 하는가?

델타포스를 아시나요? 정규 부대조차 들어가기 힘든 테러 상황에 투입되는 미국의 특수부대입니다. 이들은 산악 행군, 장거리 행군, 체력 검사를 거쳐 사격술, 기동술, 테러 전술 등을 교육받는데요. 마지막 관문으로 사막에서 아주 특별한 훈련을 받는다고 합니다.

며칠간 사막에서 굶주림과 목마름, 추위에 시달리면 결국엔 생존 본능만이 남지요. 이런 극한 상황에서 그들 손에 물이 아닌 마키아벨리의 『군주론』을 쥐어줍니다. 갈증과 굶주림으로 이성이 마비된 상태에서 마키아벨리의 '성찰'을 학습해내는 사람만이 델타포스가 되는 것이지요.

과연 마키아벨리의 『군주론』에 무엇이 담겨 있기에 델타포스 훈련의 마지막을 장식하는 걸까요?

마키아벨리의 군주론

"모든 길은 로마로 통한다."라고 할 만큼 천하를 호령한 로마도 결국 멸망의 수순을 밟습니다. 거대한 제국이었던 로마는 바티칸 교황령, 나폴리왕국, 밀라노공국, 베네치아공화국, 피렌체공화국으로 분할되고 열강이 된 프랑스, 스페인의 지배를 받습니다.

이때 조국 이탈리아의 비굴한 운명을 개탄한 애국자가 있습니다. 바로 마키아벨리입니다. 그는 이런 상황을 타개할 강력한 군주의 출현을 열망하며 『군주론』을 집필합니다.

마키아벨리는 메디치 가문이 지배하는 피렌체에서 태어났습니다. 아버지는 가난한 공증인이었지만 인문학에 대한 열정이 대단해 좋은 책을 모으는 데 열심이었습니다.

마키아벨리는 집안 형편이 어려움에도 좋은 선생에게서 인문학을 배웁니다. 덕분에 고전, 라틴어, 역사, 철학에 능한 천재이자 당대의 사상가로 평가받지요. 대학 교육을 받지 못했지만, 오히려 그 때문에 마키아벨리의 문장은 틀에 박히지 않은 생생한 생명력을 얻습니다.

그는 인문학 교육을 바탕으로 현실 정치의 어두운 면을 철저히 파헤친 최초의 사회과학자입니다. 그러나 탁월한 분석력과 식견, 간결한 문체로 혁신적인 사상을 펼쳤음에도 불구하고 피렌체의 귀족들이나 권력자들은 그의 이야기에 귀기울이지 않았습니다. 한때 외교 분야에서 큰 활약을 펼쳤으나 결국 가난한 공무원으로 생을 마감하지요.

『군주론』은 마키아벨리가 당시 정치가들의 수장이었던 로렌초 데 메디치에게 보내는 헌정사로 시작합니다. 그는 역사를 통해 위대한 군주들이 갖추어야 할 덕목들을 배울 수 있다고 말합니다. 덧붙여 이렇게 말합니다.

"높은 산을 묘사하기 위해서는 낮은 곳에서 올려다본 풍경도 필요하다."

그러면서 자신과 같은 평민이 군주에 대해 말하는 것은 결코 주제넘은 일이 아니라고 했지요. 그러나 정작 로렌초 데 메디치는 이 책을 펴보지도 않았다고 합니다.

군주가 아첨꾼에게 둘러싸일 때
일어나는 일

마키아벨리는 어떤 군주를 원했을까요? 그가 원한 군주상은 여러 면에서 특별합니다. 특히 사람들과 소통하는 방식이 남다릅니다.

먼저, 군주는 아첨꾼에 둘러싸여서는 안 됩니다. 조직 생활을 해봤다면 입 발린 소리를 일삼는 사람을 본 적이 있을 겁니다. 때론 그런 아첨꾼들이 득세하는 조직을 경험하게도 되지요. 군주가 아첨꾼에 둘러싸이면 큰 문제가 생깁니다. 온전한 진실이 아닌 반쪽의 진실, 혹은 왜곡된 진실을 보기 때문입니다. 또 민중이 아닌 아첨꾼들의 이익을 위해 봉사하게 됩니다.

군주는 국가의 나쁜 소식을 제일 먼저 아는 사람이 되어야 합니다. 그래야 제대로 수습하고 대처할 수 있습니다. 그런데 현실은 어떤가요? 사건을 은폐하고 축소하기에 급급한 모습을 자주 보게 됩니다. 결국 대외적으로 국가의 리더가 국민을 상대로 거짓말을 하는 일이 일어납니다.

물론 살다 보면 상황이 나빠질 수도 있고, 사건이 일어날 수도 있습니다. 그러나 거짓말을 하면 위기가 수습되기는커녕 더욱 커지고 맙니다. 외양간을 고치는 최고의 적기는 한 마리의 소를 잃고 난 직후일지 모릅니다. 더 많은 소를 잃기 전에 말이지요.

●

화내는 장수 밑에는 게으른 병사가 있다

그런데 왜 군주는 아첨꾼에 둘러싸이게 될까요? 간단합니다. 군주가 화를 내기 때문입니다. 잘못한 일이 있어 혼나는 것은 당연합니다. 그러나 잘못했든 안 했든 리더가 화를 내면 그때부터 주변의 사람들은 할 말을 다 하지 못하고 눈치를 살피게 됩니다.

"자네보고 누가 이런 거 하라 그랬어!"

"듣기 싫습니다."

리더의 이런 한마디는 팀원들의 창의성을 뿌리부터 말려 버리는 마법 같은 힘을 지닙니다.

사실 다른 사람에게 화를 내는 것은 결국 자기 자신에게 화가 나기 때문입니다. 자기 자신에게 만족하는 사람은 다른 사람에게 화를 내지 않습니다. 생각지도 않은 일이 일어나 당황하면, 우선 이런 상황을 만든 자기 자신에게, 혹은 원인을 제공하지 않았는데도 이런 일을 당하는 자기 자신에게 화가 납니다. 그러면 자신을 화나게 만든 원인을 제공한 사람이나 애먼 주변 사람에게 화를 쏟아 붓는 것입니다.

그래서 『손자병법』에서는 화를 잘 내는 장수 밑에 있는 병사들은 게으르다고 말합니다. 하라는 일만 하면 장수는 혼을 낼지언정 화를 내지는 못할 테니까요.

세상에서 가장 재미없는 회의는 어떤 것일까요? 이미 결론이 나와 있는 회의입니다. 제일 재미없고 짜증나는 친구가 답정너(답은 정해져 있으니 너는 대답만 해)이듯이 말입니다. 리더가 회의 시작부터 자신의 입장을 밝히면서 카리스마를 뽐내는 순간, 그 회의는 더 이상 계속할 필요가 없습니다.

그러므로 리더는 가장 나중에, 그것도 꼭 필요할 경우에만 발언해야 합니다. 리더의 말은 곧 결론이기 때문입니다. 그래서 많은 사람들이 남의 의견을 잘 듣는 그릇이 큰 사람이 리더가 되어야 한다고 말하는 겁니다.

군주의 그릇은
무엇으로 가늠하는가

그런데 마키아벨리는 리더, 즉 군주의 그릇이 얼마 만큼인지 한눈에 아는 법이 있다고 했습니다. 무엇일까요? 자신보다 똑똑한 부하를 몇 명이나 거느리고 있는지를 살펴보는 것입니다. 진정한 군주는 똑똑한 부하들의 쓴소리를 즐기고 받아들이는 사람입니다. 그렇지 않으면 벌거벗은 임금님 꼴이 되어 우쭐대다가 손가락질을 받는 처지가 됩니다.

하지만 쓴소리를 듣는 것만도 어려운데 즐기는 것은 쉬운 일이 아니지요. 똑똑한 부하들이 회의석상에서 쏟아내는 쓴소리를 입 다물고 듣고만 있기는 힘듭니다. 속이 쓰리고, 가끔은 욱하는 마음이 듭니다. 아마도 부처님 가운데 토막이 되기 전에는 불가능하지 싶습니다.

그런데 마키아벨리는 여기에 더 어려운 미션을 추가합니다.

"아랫사람들의 쓴소리를 듣는 것은 중요하다. 하지만 그렇다고 아무나 제멋대로 편한 시간에 할 말, 안 할 말 가리지 않고 다 하는 것은 절대 내버려두어선 안 된다."

무슨 뜻일까요? 무조건 아랫사람의 말을 들으라는 게 아닙니다. 정말로 판단력이 뛰어나고 충성심이 돋보이는, 그래서 신뢰할 수 있는 심복들을 키우라는 것이지요. 이들을 옆에 두고 24시간 귀를 열고 이야기를 들어야 한다는 뜻입니다. 물론 이런 심복은 많으면 많을수록 좋겠지요.

·

군주는 공포의 대상이
되어야 한다

한편, 마키아벨리는 군주는 사랑의 대상이 되기보다 공포의 대상이 되어야 한다고 주장합니다. 학교에서의 체벌도 폭력이라는 요즘 같은 시대에 웬 공포냐고 할지 모르겠습니다. 이 말은 폭군이 되라는 뜻이 아닙니다. 백성들에게 인기를 얻으려는 포퓰리즘을 경고하는 말입니다.

역대로 폭군은 감언이설을 일삼는 아첨꾼들을 옆에 두기 좋아했습니다. 인기를 얻는 데 목적을 두는 것은 군주의 덕이 아니지요. 사실 사랑받으면서 동시에 공포의 대상이 된다면 금상첨화이겠지만, 실제로는 거의 불가능합니다. 그러니 둘 중

하나를 택해야 한다면 차라리 공포의 대상이 되라는 겁니다.

이를 마키아벨리 식으로 증명해봅시다. 다른 사람에게 따뜻한 사랑을 베푼다고 해서 그 사람도 반드시 사랑으로 보답하던가요? 그렇지 않습니다. 가끔은 은혜를 원수로 갚아 등에 칼을 꽂는 사람도 있지요. 사랑이 사랑으로만 보답받는다면 짝사랑이란 말이 존재하지도 않을 테지요. 물론 사랑으로 보답할 수도 있지만, 그렇게 할 것인지 아닌지는 전적으로 상대의 마음에 달려 있습니다. 이를 리더 입장에 대입해봅시다.

본인이 희생하거나 회사의 손실을 감내하면서
직원의 잘못을 덮어준 적이 있습니까?
그 결과는 어땠습니까?

직원의 잘못을 덮어주고 너그럽게 넘어간 일이 한 번쯤은 있을 겁니다. 보답을 받을지 아닐지는 전적으로 직원에게 달려 있습니다. 어떤 결과로 이어질지 알 수 없는 일입니다.

그러나 잘못한 것을 넘어가지 않고 감히 눈도 마주치지 못할 정도로 따끔하게 혼을 냈다고 해봅시다. 그 직원은 리더를 공포의 대상으로 여기고 어려워할 것입니다. 그 후부터는 실수하지 않기 위해 최선을 다하겠지요. 물론 혼내는 것과 화내는 것의 차이를 잘 구별할 수만 있다면 말이지요.

이렇듯 상하 관계가 분명한 마키아벨리 식의 인간관계가 너무 딱딱하고 시대착오적이라고 느껴질 수 있을 겁니다. 하지만 그가 활동하던 시대가 신 중심의 세상에서 벗어나 인간 본성에 다시 눈을 뜨게 된 르네상스 시대임을 감안한다면 고개가 끄덕여질 겁니다. 그는 레오나르도 다빈치와 함께 르네상스인의 전형으로 여겨지는 인물이지요. 마키아벨리의 인간 본성에 대한 통찰과 날카로운 식견은 오늘날에도 큰 영향력을 미칩니다.

마키아벨리는 인간은 선한 존재가 아니라 악하고 이기적인 존재라는 전제하에 비정한 정치 현실을 냉철하게 바라보았습니다. 그의 논리를 100퍼센트 수긍하지 않는다 해도, 인간을 근본으로 삼아 소통의 본질을 통찰한 그의 관점은 시사하는 바가 큽니다.

특히 "리더란 어떠해야 하는가?"라는 질문 앞에 놓인 이들이라면 그가 말하는 공포정치를 '옳다 그르다' 식의 흑백논리로 단정할 순 없을 것입니다. 그저 인기 많은 리더가 된다는 것이 조직을 위한 최선은 아닐 수 있기 때문입니다.

딜레마가
있는
질문

강한 리더와 인기 많은 리더, 당신은 어떤 리더를 지향하나요? 사실 어느 하나를 택할 순 없습니다. 상황에 따라, 상대에 따라 늘 가변적일 수 있으니까요. 다음을 보시지요.

직원 6명을 둔 A 출판사의 사장은 3년째 매출과 이익이 좋지 않습니다. 냉정하게 숫자만 놓고 보자면, 직원들에게 명절 선물 하나 제대로 챙겨주기 어려운 형편입니다. 그러나 좋은 날에 빈손으로 돌아갈 직원들 마음을 헤아려 약간은 무리를 해서 10만 원 상단의 선물을 매년 돌립니다.

그런데 올해 명절에는 정말 상황이 좋지 않습니다. 빈손으로 보낼까도 생각합니다. 그래도 차마 그럴 수가 없어 지인에게 돈을 빌려 5만 원 상당의 선물을 나누어줍니다. 결과는 어땠을까요? 직원들은 서운해하고, 불만을 터뜨리고, 반발합니다. 5만 원 선물세트는 집에 들고 가기도 창피하다고 말합니다. 직원들의 반응에 사장은 화가 납니다.

"명절 선물은 다시는 없을 줄 아세요!"

좋은 리더, 사랑받고 싶은 리더가 되고 싶은 건 누구나 마찬가지입니다. 그러나 사람 마음이 같지 않은지라 공포정치가 필요한 순간이 오고야 맙니다.

당신이 리더라면 어떻게 하겠습니까? 그렇게 결정한 이유는 무엇입니까?

2. 인센티브를 가장 정의롭게 나누는 방법은?

인간은 누구나 정의로운 세상에서 살기를 원합니다. 정의롭지 않은 세상에서 부당한 대우를 받으며 살고 싶어하는 사람은 없습니다. 어쩌면 한민족의 고유한 정서라는 한(恨)도, 한국 사람만이 걸린다는 화병도 따지고 보면 다 억울함 때문에 생긴 겁니다.

정의란 여러 측면에서 다양하게 논의될 수 있지만, 특히 분배의 문제와 긴밀히 연관돼 있습니다. 여기서는 정의로운 분배를 주제로 이야기를 하려 합니다.

사실 현실에서 정의가 완벽하게 실현되기는 힘들지요. 분배의 정의 역시 그렇고요. 그렇다고 정의롭지 못한 세상에서 참고만 살 수도 없습니다. 바로 여기에서 무엇이 정의로운 분배인지, 그리고 이에 대한 사회적 합의를 어떻게 이끌어낼 것인가가 중요한 문제로 등장합니다.

•

피자를 나누는
가장 정의로운 방법

미국의 철학자 존 롤스는 2002년 세상을 떠날 때까지 하버드 대학교 철학과의 교수로 지냅니다. 1958년 정의에 관한 첫 논문을 발표한 이래로, 그가 평생 동안 매달린 주제는 '정의'였습니다. 『돈으로 살 수 없는 것들』의 저자 마이클 샌델이 주목받기 시작한 것도 롤스의 주장을 반박하면서부터입니다. 그만큼 정의에 관해서는 그를 따를 자가 없지요. 그렇다면 롤스가 주장하는 것은 무엇일까요?

그는 1971년에 내놓은 대표작 『사회정의론』 2장 11절에서 '최대 다수의 최대 행복'을 추구하는 공리주의를 비판합니다. 그리고 그에 대한 대안으로 정의의 원칙 두 가지를 내세우지요.

정의의 제1원칙은 이것입니다.

"모든 개인은 다른 사람의 자유와 충돌하지 않는 범위에서 최대한의 기본적 자유에 대해 평등한 권리를 지녀야 한다."

'법 앞에서 만인은 평등하다'와 기본적으로 같은 입장입니다. 모든 사람은 타인의 간섭을 받지 않고 양심, 종교, 정치적 집회, 결사, 언론의 자유를 똑같이 누릴 수 있다는 말입니다. 예를 들어볼까요?

어떤 학술 세미나에 참석했다고 합시다. 한 시간이 주어진 자유토론에서 평등하게 토론하려면 어떻게 해야 할까요? 참가자가 열두 명이라면 5분씩 돌아가며 발언해야 할까요? 그렇게 하면 평등할지는 몰라도 자유토론은 아닙니다.

누군가는 좀더 많이 발언하고 싶어할 수 있고, 누군가는 좀더 많이 듣고 싶어할 수 있습니다. 그러니 한 사람이 발언을 독점하려는 상황도, 모두 똑같이 발언해야 한다고 규제하는 상황도, 둘 다 자유토론을 해치는 일입니다. 평등하다는 것은 '모두가 똑같이 자유를 향유한다'는 뜻입니다. 즉, 말할 자유와 듣는 자유가 타인의 자유와 충돌하지 않는 범위에서 균형점을 찾아야 하는 것이지요.

정의의 제2원칙은 뭘까요?

"최소 수혜자에게 최대한의 배려가 돌아갈 수 있도록 해야 한다."

기회가 평등하게 부여된다는 전제하에 발생하는 불평등을 조정하기 위한 차등원칙입니다.

팀원 네 명이 저녁도 먹지 않고 회의를 하고 있다고 합시다. 상사가 수고가 많다며 피자 한 판을 시킵니다. 그런데 피자가 조각으로 잘려 있지 않습니다. 모두 배고픈 상황이라 누구도 적게 먹을 생각은 없습니다.

피자를 가장 정의롭게 나누려면

어떻게 해야 할까요?

답은 간단합니다. 피자를 자르는 사람이 마지막 조각을 먹으면 됩니다. 큰 조각이 자신에게 돌아올 확률이 없으니 최선을 다해 균등하게 자르려고 노력할 테니까요.

•

인센티브는 어떻게
나누는 게 좋을까

사람들은 흔히 이렇게 생각합니다.

"정의로운 분배는 모든 사람이 똑같은 몫을 나눠 가지는 것이다."

그렇다면 뭐든 '똑같으면' 되는 걸까요? 롤스의 생각은 다릅니다.

"가장 불리한 입장에 있는 사람에게도 이익이 될 수 있도록 분배해야 한다."

A, B, C 세 회사가 있습니다. 각 회사에는 직원이 세 명 있습니다. A사는 총 90의 인센티브를 30, 30, 30으로 똑같이 나눕니다.

그런데 B사는 총 150의 인센티브를 40, 50, 60으로 나눕니다. 50, 50, 50으로 똑같이 나누지 않았으니 숫자만 놓고 보면 불평등해 보이지요? 하지만 롤스는 B사의 경우가 A사의 경우보다 더 정의로운 분배라고 주장합니다. B사의 최소 수혜자 몫인 40이 A사의 30보다 많기 때문입니다.

C사는 B사보다 10이 더 많은 총 160의 인센티브를 25, 35, 100으로 나눕니다. 롤스는 C사가 A사보다 정의롭지 못하다고 말합니다. 최소 수혜자의 몫인 25가 A사의 30보다 적기 때문입니다.

롤스는 왜 이 같은 논리를 내세울까요? 그는 최소 수혜자가 감내할 수 없을 만큼 고통을 겪는 조직은 지속적으로 발전할 수 없다고 보았기 때문입니다. 그래서 '최소 수혜자에 대해 최대한 배려하자'는 논리를 편 겁니다. '완전 평등'(A사), '최대 다수의 최대 행복'(C사)과는 확실히 다른 개념이지요.

여러분은 A, B, C 중 어느 회사에서 일하고 싶나요?
어떤 분배에 만족하시겠습니까?

인간은 사회를 구성해 협동하며 살아갑니다. 협동이 지속적으로 이루어지기 위해서는 조건이 있는데요. 그 결과물이 정의롭게 분배되어야 한다는 겁니다. 그런데 조직이 성과를 창출한 후 어떤 정의에 입각해 분배하는지 생각해본 적이 있나요?

리더는 모두를 이끄는 사람입니다. 모두를 이끌려면 '전체'를 보아야 합니다. 그러나 안타깝게도 인간의 시각은 단번에 전체를 볼 수 있도록 진화되지 않았습니다. 눈앞의 휴대전화를 360도 돌려본다고 해서 휴대전화 전체를 동시에 볼 수는 없습니다. 그저 모든 단면을 볼 뿐입니다.

이런 한계를 뛰어넘으려면 어떻게 해야 할까요? 롤스의

정의에 따르면 조직 내에서 최소 수혜자, 즉 가장 열악한 위치에서 일하는 사람을 생각해야 합니다. 그러려면 가장 아래에 있는 직원들 이야기를 들어야겠지요. 되도록 그런 시간은 정기적으로 갖는 편이 좋습니다. 측근들 이야기는 언제든 들을 수 있으니까요.

그런데 아래에 있는 직원들의 말과 측근의 이야기가 일치하지 않을 때가 왕왕 있습니다. 그들의 이야기가 일치할 때까지 끊임없이 소통해야 합니다. 그래야 전체를 이끌 수 있습니다. 리더가 한쪽 이야기만 듣거나, 한쪽이 옳다고 치우쳐 생각하면 조직은 결국 분열합니다. 당연한 이야기로 분열의 책임은 리더에게 있습니다.

리더는 모든 구성원들의 이야기가 한 방향으로 나아가도록 통합하는 역할을 합니다. 그러려면 사사로운 감정에 얽매이지 않고 균형 있는 시각으로 전체를 통찰해야겠지요. 결국 리더란 최소 수혜자에 대해 최대의 배려를 하는, 롤스의 말에 따르면 정의를 실현하는 사람인 것입니다.

롤스는 '최소 수혜자에게 최대한의 배려'를 하는 것이 정의라고 생각합니다. 최소 수혜자가 받는 혜택을 다른 조직, 다른 동네, 다른 일을 했을 때의 경우와 잘 비교해보아 정의를 따지는 것이지요. 그렇다면 다음과 같은 경우는 어떻게 보아야 할까요?

1년간 진행한 대형 프로젝트가 크게 성공합니다. 해당 팀에 1,500만 원의 성과급이 나왔는데요. 리더인 당신은 이를 세 명의 팀원에게 나눠 주어야 합니다.

A부장은 기획부터 마케팅까지 브레인 역할을 했습니다. 모든 전략이 A부장의 머릿속에서 나왔다고 해도 과언이 아닙니다. 늘 좋은 성과를 보여준 만큼 다른 두 사람에 비해 연봉이 압도적으로 높습니다.

B과장은 현장 전문가입니다. 한겨울에도 한여름에도 고된 현장 일을 전부 도맡아 했습니다. 아무리 좋은 기획도 일촉즉발 예측불허한 사고들이 계속되는 현장 일이 따라오지 않으면 실현 불가능했을 겁니다.

C사원은 이제 막 인턴에서 벗어난 입사 2년차입니다. 겨우 회사 돌아가는 사정을 아는 정도입니다. 그러나 이 프로젝트와 관련한 모든 서류 업무, 잡무를 처리하느라 야근은 기본, 주말근무는 필수로 해왔습니다. 단순하게 업무시간만 놓고 보자면 C사원이 가장 고생을 많이 한 셈입니다.

당신이 리더라면 이 세 사람에게 어떻게 성과급을 나눠주겠습니까? 무엇을 기준으로 삼겠습니까? 그렇게 결정한 이유는 무엇입니까?

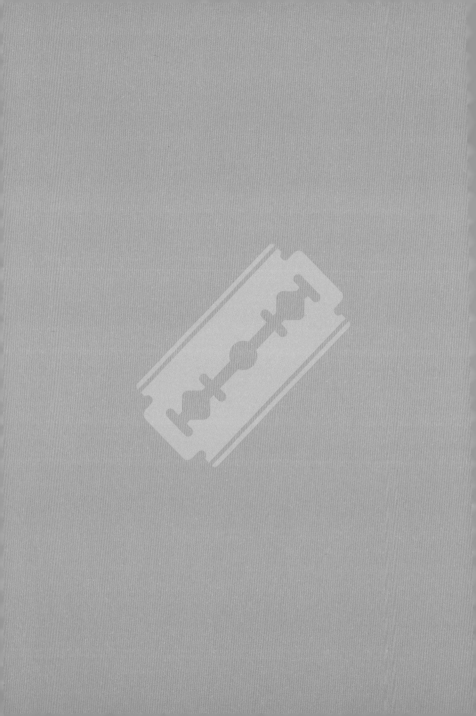

3. 무엇을 버릴 것인가, 무엇을 남길 것인가?

'오캄의 면도날'을 아시나요? 흔히 불필요하게 복잡한 말을 걷어내고 간단히 정리하는 것을 말합니다.

윌리엄 오캄은 중세시대 영국의 철학자이자 수도사입니다. 그의 스승은 스콜라 철학자이자 신학자인 둔스 스코투스인데요. 대부분의 철학자들이 사후에 주목받은 것과 달리 스코투스는 살아 있을 때 큰 명예를 누립니다.

오캄은 많은 사람들이 위대하다고 칭송하는 스승의 주장도 주저 없이 비판을 가했는데요. 스콜라 철학은 기독교 교리를 바탕으로 하기 때문에 스승에 대한 비판은 곧 교회를 비판하는 셈이었습니다. 심지어 "교회의 신학이 진리를 드러내고 있지 못하다."는 말도 서슴지 않았습니다. 그래서 오캄은 이단으로 몰려 유폐되기까지 합니다.

플라톤의 수염

플라톤은 이런 말을 합니다.

"이 세상에 존재하는 모든 개별자는 영원한 보편자의 그림자에 불과하다."

개별자는 무엇이고, 보편자는 무엇인지 어렵기만 합니다. 풀어서 설명해볼까요?

A사의 볼펜과 B사의 볼펜이 한 자루씩 있습니다. 서로 비슷하면서도 또 조금은 다르게 생겼습니다. 이 각각의 볼펜을 개별자라고 합니다. 그리고 이렇게 다양한 볼펜을 총칭하여 '볼펜'이라 부르는데요. 이것이 '볼펜'이라는 이데아입니다. 이데아는 현실세계에는 실재하지 않는 관념적인 대상으로 보편자라고도 합니다.

이처럼 의자, 책상, 학교, 산, 나무 등 모든 개별자는 보편자를 가집니다. 그렇다면 세상에는 수많은 보편자가 있는 것이지요. 거기다 매순간 컴퓨터, 비행기, 휴대전화 등의 새로운 개별자가 생겨납니다. 그렇다면 이데아 역시 무수히 늘어나는 것이지요. 이렇게 이데아들이 마치 깎지 않은 수염처럼 무성하게 자라난다고 해서 후세 철학자들은 이를 '플라톤의 수염'이라 부릅니다.

그리고 14세기, 이 덥수룩한 수염을 깨끗이 밀겠다는 사람이 나타납니다. 윌리엄 오캄입니다. 플라톤의 수염을 깨끗이 밀어버릴 무기라고 해서 오캄의 논리는 '오캄의 면도날'이라고 불립니다.

●

무인도에서 경제학자가
통조림을 따는 법

오캄이 도려내려 한 것은 이름뿐인 이론과 관념입니다. 그는 개별자는 있고 보편자는 없다고 말했는데요. 즉 지금 눈앞에 있는 개별적인 존재들만 있을 뿐, 이데아 같은 보편자를 불필요하게 상정할 필요가 없다는 겁니다.

"적은 가설과 가정으로 현상을 설명하는 이론이 불필요하게 많은 것을 가정하는 이론보다 낫다."

오캄의 주장입니다. 사실, 세상을 설명하는 많은 것들이 플라톤의 수염과 같을 때가 많으니까요.

경제학 교수 두 명이 바다를 표류하다가 무인도에 도착합니다. 먹을 것이 없어 굶주리던 그들은 해안에서 통조림 한 개를 발견합니다. 한 사람이 묻습니다.

"어떻게 따면 좋을까요?"

다른 경제학자는 이렇게 대답합니다.

"일단 통조림 따개가 있다고 가정합시다."

이렇게 급박한 상황에서 없는 따개를 있다고 가정을 하다니요! 살기 위해선 당장 이 문제를 해결해야 하는데 말입니다. 이런 게 바로 플라톤의 수염이 아니고 무엇이겠습니까?

동양에도 비슷한 말이 있습니다.

"법령이 많아질수록 도적은 오히려 많아진다."

지나치게 예의를 강조해서 복잡한 규칙과 법률을 만들어 낸 유가를 노자는 이렇게 비판합니다. 복잡한 법률 체계가 오히려 범죄자를 양산한다는 뜻이지요.

당신의 조직에서
무엇을 잘라내야 할까

실상 현실에 도움이 되지 않는 이론과 신념은 우리 주위에도 산재합니다. 바로 가까이, 우리가 일하는 팀과 조직을 한 번 보세요.

오캄의 면도칼을 회사에 적용한다면
무엇을 밀어버릴 수 있을까요?

먼저 지나치게 복잡한 매뉴얼이 떠오릅니다. 위반 사례를 100가지 넘게 지적해둔 두꺼운 매뉴얼을 보세요. 뿌듯한가요? 그런데 위반 사례를 모아놓을수록 더 많은 예외가 등장할 테고, 규정집의 두께는 날로 두꺼워질 겁니다. 상황을 개선하는 데는 도움되지 않고 오히려 혼란만 가중시키는 셈이지요.

그래서 미국의 한 일류 기업에서는 어떤 일을 해야 할지, 하지 말아야 할지를 결정할 때 질문 하나를 던지라고 얘기합니다.

지금 하려는 일이

내일 아침 신문에 헤드라인으로 실린다면

나는 당황할 것인가, 당황하지 않을 것인가?

당황할 것 같으면 절대 하지 말라고 말합니다. 이런 질문을 던졌는데도 헷갈리면 어떻게 해야 할까요? '자식에게 이 이야기를 떳떳하게 할 수 있는가?'를 생각해보세요. 떳떳하다면 해도 됩니다. 밝히기 부끄럽다면 그 일을 하지 말아야 합니다. 얼마나 단순하면서도 강력한 가이드라인입니까?

직원이 새로 들어오면 직무 교육을 합니다. 이때 주의할 점은 '무엇을' 할 것인가를 비교적 자세하게 가르쳐야 한다는 겁니다. 그러나 '어떻게' 할 것인가에 대해서는 간결하게 이르고, 각자의 방식에 맡기는 편이 좋습니다. 그런데 안타깝게도 이를 반대로 하는 리더가 있습니다.

"과장님, 제가 어떤 일을 하면 될까요?"

"영철 씨 눈에는 할 일이 안 보입니까? 일할 게 널려 있잖아요."

이처럼 불친절하고 두루뭉술하게 말해선 업무 파악이 될 리 없습니다. 반면 일하는 스타일을 존중하지 않고 사사건건 간섭하려 들면, 팀원들은 스스로 로봇처럼 느껴져 일할 의욕을 잃고 맙니다.

한 설문 조사에서 회사원들에게 "언제 사표를 내고 싶은가?" 하고 물었습니다. 쥐꼬리만 한 월급을 받을 때? 야근을 너무 많이 할 때? 아닙니다. 뜻밖에도 "상사가 자신을 불신한다고 느낄 때."라는 답이 가장 많이 나왔습니다. 그래서 "언제 신뢰받지 못하고 있다고 느끼는가?"라고 물으니 "상사가 일하는 데 사사건건 간섭할 때."라고 답했습니다.

무슨 일을 하든 사전 보고를 번거롭게 요구하는 상사라면, 팀원을 믿지 못하고 부정적으로 소통하는 상사입니다. 지시와 보고는 간단할수록 좋습니다. 물론 전제조건은 있습니다. 충분한 교육과 훈련, 시간과 자원을 제공한 뒤에야 비로소 간단한 명령과 보고로도 소통이 가능합니다.

현명한 리더는 오캄의 면도칼을 적절하게 사용할 줄 압니다. 그 첫 번째 대상은 불필요한 말입니다. 교장선생님의 기나긴 훈화 말씀이 지루해 시간 가기만을 바랐던 기억이 있을 겁니다. 핵심만 간단히, 이것만 리더가 잘 지켜줘도 업무 효율은 크게 오릅니다.

또한 그 대상은 불필요한 절차일 수 있고, 매뉴얼일 수 있고, 업무 양식일 수도 있습니다. 어쩌면 하나의 팀일 수도 있습니다. 이때 중요한 건 사람이 아닌 '자리'를 쳐내야 한다는 겁니다.

오캄의 면도날은 꼭 필요한 경우에 한해 신중하게 휘둘러야 하는 칼입니다. 늘 해오던 거니까, 이걸 해야 왠지 있어 보이니까, 그런 이유로 붙들고 있는 '군더더기'가 있지 않나요? 당신은, 그리고 당신의 조직은 그것을 놓을 준비가 되어 있습니까?

딜레마가 있는 질문

사업체가 커질수록, 직원들이 늘어날수록 조직 내에 군더더기는 생길 수밖에 없습니다. 오캄의 면도날이 필요한 순간입니다. 중요한 건 어떻게, 얼마나, 제대로 이를 활용하느냐겠지요. 다음을 보시지요.

회사에서 일만 할 순 없습니다. 사기를 진작시키고, 애사심을 갖게 하고, 팀워크를 높이기 위한 업무 외 활동은 필요합니다. 회식은 매월 1번, 워크숍은 일년에 2번, 직원들 건강과 사기 진작을 위한 체육대회는 일년에 1번, 기업 이미지 제고를 위한 임직원 봉사활동 일년에 2번, 각종 교육에 사람이 들고 날 때마다 계속되는 송별회와 환송회까지….

시작할 때는 좋았습니다. 하지만 이런 행사가 하나둘 쌓이다 보니 어느새 상당한 시간과 에너지를 잡아먹습니다. 그런데 하나같이 합당한 이유가 있어 시작한 일이니 쉽게 그만둘 수는 없습니다. 덕분에 효과를 얻은 부분도 있고 이런 활동을 좋아하는 직원들도 분명 있으니까요. 거기다 이를 준비하는 전문 부서가 있으니 쉽게 그만두게 할 수도 없습니다.

당신이 리더라면 어떻게 하겠습니까? 모두 의미 있는 일이니만큼 그대로 진행은 하되 피로도를 줄이는 다른 방법을 찾겠습니까?

아니면, 오캄의 면도날을 휘두르겠습니까? 그렇다면 비용을 줄이겠습니까? 횟수를 줄이겠습니까? 그렇게 결정한 이유는 무엇입니까?

4. 한 번도 태양을 보지 못한 사람에게 태양을 설명할 수 있을까?

● 플라톤
동굴에 갇힌 리더

〜〜〜〜〜〜〜〜〜〜〜

일년 내내 비가 한 방울도 오지 않으면 어떻게 될까요? 땅은 말라붙고 풀과 나무는 죽고 모든 생명체가 자취를 감추겠지요. 일년 내내 해만 내려쬐고 비가 오지 않는 곳은 바로 사막이니까요.

이 세상에는 두 종류의 사람이 있습니다. 비가 오는 날 구름에 가려 보이지 않지만 여전히 그곳에 해가 있음을 아는 사람과 모르는 사람입니다. 모르는 사람은 해가 뜨지 않았다며 불평을 늘어놓습니다. 날이 습하다느니, 어두워서 기분이 처진다느니, 하면서 말이지요. 그러나 비가 오는 날이 있기에 우리가 사는 이곳이 사막이 되지 않는다는 것을 아는 사람은 비가 오는 것을 다행이라고 생각합니다.

동종업계에 있는 경쟁사가 부도가 났다고 합시다. 생각이 깊지 않은 사람이라면 통쾌함을 억누르지 못합니다. 겉으로 야 차마 내색 못하겠지만 속으로는 좋아서 어쩔 줄 모르지요. 이는 하나만 알고 둘은 모르는 셈입니다. 지혜로운 리더는 이렇게 말합니다.

"우리 업계 흐름에 무슨 문제가 생긴 건 아닐까? 시장을 재점검해봐야겠군."

"다음은 우리 회사가 부도 맞을지 몰라. 조심해야겠는걸."

비가 오면 모두들 비를 맞고, 해가 나면 모두가 햇볕을 받습니다. 맑은 날이 지나면 비가 오는 법이고요. 이런 사실을 모르고 오늘의 일에만 일희일비해서는 멀리 볼 수 없습니다.

·

세상에 지혜로운 철인이
필요한 이유

플라톤은 서양 정신문화사에서 대단히 중요한 인물입니다. 2천 년 넘게 서양 문화에 막대한 영향을 미쳤고, 지금도 그의 책은 고전으로 읽힙니다. 그는 28세에 스승 소크라테스가 평생 진리와 정의를 추구하고도 사형에 처해지는 광경을 목격

합니다. 그래서 플라톤은 다수결로 행해지는 민주주의가 완벽한 정치제도가 아니라고 생각합니다. 오히려 사람들의 무지함이 다수결이라는 미명하에 판치는 것을 중우정치라 비판합니다. 그만큼 투표를 거친 민의(民意)는 왜곡되기 쉽다는 뜻이지요. 그래서 철학자가 통치하는 철인 정치가 가장 이상적이라 말합니다. 지혜로운 통치자가 다스리는 국가를 이상 국가로 본 것이지요.

소크라테스가 죽은 후 플라톤은 스승을 주인공으로 삼아 대화 형식의 대작을 씁니다. 총 24편에 이르는 이 작품을 '대화편'이라 부릅니다. 플라톤의 대화편 중 백미로 꼽는 것이 바로 『국가』입니다. 플라톤이 말하는 국가는 통치자, 전사, 생산자 세 계급으로 구성됩니다. 각 계급이 주어진 역할을 충실히 수행하면 국가는 바람직한 방향으로 나아가 이상 국가가 된다는 게 그의 주장입니다. 그중 가장 중요한 것이 바로 철학자인 통치자입니다. 플라톤은 지도자에게 요구되는 덕목은 지혜라고 여겼고, 지혜로운 통치자를 강조합니다.

방향을 제대로 잡는 것은 지도자의 역할입니다. 물론 변화무쌍한 상황에서는 민첩하게 움직여야 하겠지요. 그러나 잘못된 방향으로 속도만 내다가는 절벽에서 떨어져 죽고 맙니다. 혼자 죽지 않습니다. 그를 따르는 모든 사람이 함께 죽습니다.

방향을 제대로 잡기 위해 첫 번째로 알아야 할 게 있습니다. 바로 지금의 위치, 그리고 서 있는 방향입니다. 리더는 지금의 상황을 명확하게 직시해야 합니다. 자동차 내비게이션조차 현 위치를 알지 못하면 방향을 잡지 못합니다.

나는 누구인가?

우리 조직은 무엇을 하는 곳인가?

이 같은 물음을 끝없이 되묻는 리더가 지혜로운 이유가 바로 여기 있습니다. 현재 위치를 알아야 방향을 제대로 잡을 수 있기 때문입니다.

•

동굴에 갇힌 죄수 이야기

플라톤의 『국가』에는 유명한 '동굴의 비유'가 나옵니다. 동굴에 죄수들이 갇혀 있습니다. 이들은 한 번도 바깥세상에 나가 본 적이 없습니다. 그들은 동굴 벽만을 보게끔 묶여 있고, 등 뒤에는 횃불이 타오릅니다. 이들은 동굴 벽에 어른거리는 자신의 그림자만을 보며, 그것이 유일한 현실이라고 믿고 살아왔습니다. 그런데 한 죄수의 생각은 달랐습니다.

"동굴 밖으로 나가면 새로운 세상이 있을지도 몰라."

어렵게 밖으로 나간 죄수는 눈부신 태양을 바라본 순간 눈이 멀 뻔합니다. 오랫동안 어둠에만 익숙했던 눈에 태양은 너무 밝습니다. 죄수는 동료들에게 영원히 타오르는 태양의 존재를 알리기 위해 동굴로 돌아옵니다. 그러나 밝은 세상에서 어두운 동굴로 들어서자, 다시 어둠에 적응하지 못합니다. 죄수는 앞이 보이지 않아 비틀거립니다.

"태양이라고? 앞도 제대로 못 보고 비틀거리는 주제에. 너나 잘하세요!"

여러분이 태양을 본 죄수라면
어떻게 동료 죄수들을 설득하겠습니까?

플라톤은 말합니다. 인간이 지상에서 감각적으로 볼 수

있는 것은 동굴 벽에 어른거리는 불완전한 그림자일 뿐이라고요. 그리고 인간 눈에 보이지 않는 관념으로서의 이데아야말로 영원한 것이라고 덧붙입니다.

동굴에서 나와 햇빛을 본 죄수는 이데아를 잠깐이나마 맛본 셈입니다. 그러나 동굴에서 벗어난 적이 없는 동료 죄수들은 그림자만을 보고는 그것이 진실이라 믿습니다. 그런 사람들을 설득할 수 있을까요? 쉽지 않습니다.

이것이 바로 리더가 처한 상황입니다. 자신도 제대로 인식하지 못한 태양의 존재, 이것을 다른 사람들에게 알리고 설득해야 하는 상황. 바로 당신이, 바로 우리 조직과 사회의 리더가 맞닥뜨린 문제입니다.

•

당신이 태양의 존재를
처음 알게 됐다면

한 선장이 선원들과 함께 한 번도 가보지 않은 해로를 따라 항해하고 있었습니다. 가도 가도 육지는 나오지 않고 망망대해만이 펼쳐져 있습니다. 이러다간 바다 위에서 죽을지도 모른다며 선원들은 반란을 일으킵니다. 선장을 돛대에 묶고 배를 당장 돌릴 것을 요구합니다. 이 선장은 지구가 둥글다고 믿고 첫 항해에 나선 참이었습니다.

"나에게 이틀만 시간을 달라. 그래도 육지가 나오지 않으면 돌아가겠다."

이렇게 다짐하고 풀려난 선장은 선장실로 돌아가 불안한 마음을 달랩니다. 그 역시 처음 가보는 길입니다. 그저 확신만 갖고 시작한 항해였지요. 그로부터 이틀 뒤, 그들은 육지를 발견합니다. 바로 아메리카입니다.

리더의 길은 콜럼버스의 길과 같습니다. 자신도 가보지 않은 길을 같이 가자고 다른 조직원을 설득해야 하니까요. 그러기 위해선 확신과 용기, 인내가 필요하지요. 리더는 두려움이 없는 사람이 아닙니다. 두려운데도 불구하고 뜻하는 바를 실천에 옮기는 사람입니다.

당시 많은 사람들이 지구는 평평한 쟁반 같다고 믿었습니다. 수평선 끝에 가면 커다란 폭포가 있어 지구 밑으로 떨어진다고 생각했지요. 물론 지구가 둥글다고 믿은 사람도 있었습니다만 생각만 했을 뿐입니다. 콜럼버스만이 지구가 둥글다는 믿음을 증명하기 위해 행동에 나섰습니다.

여러분은 어떤 동굴에 갇혀 있나요?

주위에 같은 생각을 가진 사람들만 있는 건 아닌가요?

현실에 만족한다는 핑계로

지금 자리에 주저앉은 건 아닌가요?

그렇다면 여러분은 동굴에 갇혀 있는 겁니다. 물론, 누구든 동굴에 갇힐 수 있습니다. 그러나 당신이 리더라면 문제가 다릅니다. 가만히 갇혀 있어서는 안 됩니다. 플라톤의 죄수처럼 동굴을 박차고 나가 눈이 멀 것 같은 태양을 마주해야 합니다. 그것이 리더와 리더가 아닌 사람을 구분하는 핵심입니다.

그리고 혼자 태양을 발견하는 것으로 끝나선 안 됩니다. 다시 동굴로 돌아와 태양의 존재를 알려야 합니다. 사람들을 설득해야 합니다. 동료, 부하직원, 함께하는 사람들과 공유하지 않으면 손잡고 함께 앞으로 나아갈 수 없으니까요.

어떤가요? 당신의 가족, 당신의 팀에는 지혜로운 철인이 있습니까? 당신은 태양을 발견하기 위해 어떤 시도를 했습니까? 만약 당신이 눈부신 태양을 발견한다면, 이것을 어떻게 사람들과 공유하겠습니까?

리더라면 동굴에 갇힌 직원들에게 본인이 발견한 태양을 알리고 설득할 의무가 있습니다. 그런데 상황과 입장을 바꾸어보면 어떨까요? 다음과 같은 문제 상황에 부닥칠 수 있습니다.

어느 날 회사의 리더는 전 직원을 모아놓고 이렇게 말합니다.

"내가 태양을 보고 왔습니다. 우리는 그동안 동굴의 어둠 속에 갇혀 있었던 거예요. 앞으로 세상은 바뀔 겁니다. 내가 보고 온 태양은 앞으로 회사의 미래를 바꿀 진짜 비전입니다. 이제껏 해온 사업은 정리하고 앞으로는 새 비전에 올인하겠습니다. 모두 함께 나가시지요."

회사의 중역인 당신은 당황스럽습니다. 어느 날 갑자기 리더가 가져온 새로운 비전은 허무맹랑합니다. 새로운 종교에 빠진 걸까? 아니면 사기를 당한 걸까? 갖가지 생각이 떠오릅니다. 이 같은 사람들의 우려와 의심에도 불구하고 리더는 계속 함께 나갈 것을 강권합니다.

회사에서 중요한 직책을 맡은 당신의 선택이 대단히 중요한 상황입니다. 리더의 말을 믿고 따르겠습니까? 아니면 전 직원의 반대의 뜻을 수렴하겠습니까? 아니면 다른 방법이 있을까요? 그렇게 결정한 이유는 무엇입니까?

5. 사람들의 '말'이 가랑비처럼 조직을 무너뜨린다면?

● 로크
뒷담화에
대처하는 자세

~~~~~~~~~~~~~~~~~~~~~~~~~~~~

"해보기나 했어?"

현대그룹의 창업자 고 정주영 회장은 해보지도 않고 자신의 명령에 토를 다는 직원에게 이렇게 묻곤 했다지요. 무슨 일이든 스스로 직접 해보기 전에는 알지 못하는 법입니다. 또 머리로 알고 있는 것과 몸으로 겪은 것은 다르니까요.

•

숲속의 세쿼이아 나무는 소리 없이 쓰러진다

"결혼은 해도 후회, 안 해도 후회다. 이왕이면 하고 후회하는 편이 낫다."

누가 한 말일까요? 평생 악처에게 시달린 것으로 유명한 소크라테스의 말입니다. 그는 왜 이렇게 말했을까요? 하지 않고 후회하면 지식도 생기지 않고 경험도 축적되지 않기 때문입니다. 그러나 무엇이든 하고 나면 후회하더라도 교훈을 얻게 되지요.

그만큼 경험은 중요합니다. 경험 없이는 아무것도 얻을 수 없습니다. "젊어서 고생하라."는 어른들의 말씀은 고생의 쓴맛을 즐기라는 가학적인 의미가 아닙니다. 고생한 경험을 통해 미래를 위한 지식을 얻으란 얘기입니다.

그런데 '경험과 지식'의 관계를 치열하게 고민한 철학자가 17세기 영국에 있었습니다. 바로 경험주의 철학자 존 로크입니다. 그는 인간은 타불라 라사(tabula rasa, 백지)로 태어난다고 주장합니다. 백지, 즉 아무것도 씌어 있지 않은 종이 상태인 것이지요. 로크에 따르면 인간은 감각적인 경험을 쌓아가며 백지를 채워갑니다. 경험을 통해서만 지식에 도달한다는 얘기입니다.

게다가 이는 불변하는 진리가 아닌 언제든 수정될 수 있는 지식입니다. 오늘날의 과학 지식처럼 말입니다. 물리학 교과서의 내용은 자주 바뀝니다. 천동설이 지동설이 되었고, 뉴

턴의 법칙이 아인슈타인의 상대성이론으로 바뀌었지요. 지금의 지식이 언제 무엇으로 바뀔지는 누구도 모릅니다.

아무도 없는 숲속에서 거대한 세쿼이아 한 그루가 쓰러졌습니다. 나무가 쓰러지면 어떤 소리가 날까요? 아니, 소리가 나기나 할까요? 로크는 이 대목에서 "그 나무는 아무 소리 없이 쓰러졌다."고 얘기합니다. 무슨 말일까요?

여기서 로크의 인식론을 들여다봅니다. 인간은 감각을 통해 단순 관념을 갖는데요. 단순 관념이란 예를 들면, '빨간색', '흐물흐물한 느낌', '딱딱한 감촉', '네모난 모양' 등입니다. 이런 단순 관념이 합해져서 '고양이', '장미꽃', '비행기', '아파트' 같은 복합 관념이 되지요. 복합 관념은 정보와 지식이라는 근본 구조를 가집니다.

그런데 여기서 단순 관념은 둘로 나뉩니다. 바로 1차 성질과 2차 성질입니다. 1차 성질은 고체성, 운동, 연장성, 수, 형태와 같이 객관적으로 실재하는 것입니다. 반면, 2차 성질은 색깔, 맛, 향기와 같이 인간의 감각기관을 통해 생겨난 효과에 불과합니다. 객관적으로 존재하는 성질이 아니라는 말입니다.

'고막'이라는 감각기관이 없다면 '소리'도 존재하지 않는 것이지요. 이렇게 되면 나무가 쓰러질 때 쿵 하는 소리는 없고, 오직 공기 중에 일정한 진동만 있을 뿐입니다.

•

뒷담화에 대처하는
리더의 자세

그렇다면 오늘날, 우리는 왜 로크의 철학에 귀를 기울여야 할
까요?

혹시 뒷담화의 희생양이 되어본 적이 있습니까?

참으로 씁쓸한 경험입니다. 그것도 평소 믿었던 직원이나
동료가 그랬다면 더 참담하지요. 이런 생각이 들 겁니다.

'전혀 사실이 아닌데 어떻게 이런 소문이 날 수 있지?'

'내가 인생을 헛살았나? 믿었던 사람들인데 내가 뭔가 서
운하게 했나?'

그 사람이 그런 식으로 생각한다는 사실도 섭섭하지만 그
런 말을 내가 없는 자리에서 했다는 사실에 더욱 화가 납니다.
그런데 경험을 통해서만 지식을 얻을 수 있다는 로크의 경험론

에 비추어 보면, 여기서 다음과 같은 교훈을 배울 수 있습니다.

첫째, 뒷담화를 수집은 하되 그대로 믿지는 마세요. 이야기는 전달하는 사람의 주관적 의지가 들어가 편집되게 마련입니다. 모든 언어는 객관적 실재가 아닌 2차 성질에 속하는 소리를 통해 전달되는 것이니까요.

둘째, 전달자의 의도를 확인해보세요. 본인이 직접 경험하지 않은 것은 의심해야 합니다. 아마도 그 사람은 당신을 위하는 마음으로 이 말을 전하는 거라고 토를 달 게 분명합니다.

"아무래도 알고 계시는 게 좋을 거 같아서 전해드리는 거예요."

그럴수록 더욱 의심하세요. 사안이 중대해서 묵과하고 넘어가기 힘들다고 판단되면, 뒷담화의 당사자를 만나서 사실을 확인하면 됩니다.

셋째, 뒷담화는 숲속에서 소리 없이 쓰러진 세쿼이아 나무처럼 못 들은 척하는 것이 가장 좋습니다. 내가 직접 경험하지 않은 것을 마음에 담아두며 가슴앓이하는 것은 리더가 취할 태도가 아닙니다.

어떤 일을 하든 조직에 몸담고 있다 보면 다양한 평가가 나옵니다. 그런 말 하나하나에 신경 쓰고 대응하는 것은 리더

답지 못한 태도입니다. 그럼 어떻게 해야 할까요?

오히려 뒷담화한 사람을 더 잘 대해주세요. 그러면 그릇이 큰 사람으로 인정받습니다. 한 번 생각해보세요. A는 B가 없는 자리에서 틈만 나면 흉을 보는데 B는 A가 없는 데서 그에 대해 좋은 말만 합니다. 그렇게 되면 결국, 사람들은 누구와 이야기를 나누고 싶어할까요? 누구를 더 신뢰하게 될까요?

그리고 당연한 얘기입니다만 뒷담화는 하지 않아야 합니다. 하지 않는 것이 맞습니다. 특히 아이를 둔 부모, 학생을 가르치는 교사, 조직에서 리더의 자리에 있는 사람은 더욱 그렇습니다. 충고를 해주고 싶다면 당사자에게 직접 하는 것이 좋습니다. 그것도 단둘이 있을 때 말입니다. 그리고 가급적이면 본인이 도움을 청할 때 조언하는 것이 효과적입니다. 이왕 하는 조언이라면 애정을 담뿍 담아서 해주세요. 진정성 있는 조언은 그 진심이 전달됩니다.

로크가 말하는 2차 성질은 확실성이 없습니다. 그래서 소리로 전달되는 소통은 그만큼 어렵습니다. 뒷담화는 직접 경험하지 않은 공기 중의 진동에 불과합니다. 당사자가 직접 찾아와 한 이야기가 아닌 다음에야 풍문에 불과하지요. 실체가 없다는 얘기입니다.

유독 소문이
많이 도는 조직

겪어보셨나요? 유달리 '카더라'가 많이 돌고 뒷담화가 횡행하는 조직이 있습니다. 그럴 때 리더가 흔히 취하는 조치가 있습니다.

"누구야? 누가 이런 소문 퍼뜨렸어?"

"이 조직은 말야. 사람들이 정말 문제야. 왜 이렇게 말이 많아?"

사람들 탓을 하며 입단속을 시키는 겁니다. 이것은 그렇게 해서 풀리는 문제가 아닙니다.

먼저 리더는 한 가지 사실을 분명하게 깨달아야 합니다. 이 조직에서는 제대로 소통이 이루어지지 않고 있다는 사실을요. 손바닥으로 해를 가린다고 해가 없어지던가요? 불통의 책임은 80퍼센트 리더에게 있습니다. 그러니 소문이 도는 현상을 탓하고 직원들을 욕할 게 아니라, 자신의 소통 방법을 점검하는 게 우선입니다.

그럼 사람들 입을 통해 옮겨지는

헛소문이나 뒷담화를 잠재우려면

어떻게 소통해야 할까요?

답은 단순합니다. 중요한 사안은 투명하게 공개하세요. 이것이 제일 좋은 방법입니다. 문제를 숨기고 쉬쉬하면 별것 아닌 일도 색안경을 끼고 보게 되지요. 공개하고 공유함으로써 오해와 왜곡의 소지를 없애면 그만큼 신뢰가 커집니다. 직원들이 알아서는 절대 안 되는 일급 기밀이 아닌 한, 조직에서 일어나는 일은 공론화해야 합니다.

사무직 직원, 현장직 직원 합하여 50명이 채 되지 않는 소규모 제조회사가 있습니다. 한데 매월 말일이면 경리과 과장은 사장의 방으로 장부를 갖고 들어갑니다. 그날 하루는 안에서 문을 걸어 잠그고 아무도 들어오지 못하게 합니다. 점심도 둘이서 따로 배달을 시켜먹습니다. 대체 안에서 무슨 일을 하는지 몇 년째 아는 사람이 없지요. 이 일로 회사에는 소문이 횡행합니다. 둘이서 숫자 맞추기를 하며 장부 조작을 한다는 둥, 돈을 빼돌린다는 둥 소문은 꼬리에 꼬리를 물고 자가번식을 하지요.

물론 일차적으로 뒷담화를 하고 근거 없는 소문을 만드는 건 잘못된 행위입니다. 그럼 사장과 경리과 과장은 아무 잘못이 없는 걸까요? 사실 투명한 회계 결산을 위해 둘이서만 은밀히 일을 해야 할 이유는 없습니다. 회사의 자산이 어떻게 운영되는지 직원들은 알 권리가 있으니까요.

문이 잠긴 밀실에서 일어나는 일에 대해서는 갖가지 억측이 난무합니다. 그러나 문이 활짝 열린 방에서 일어나는 일에 대해서는 아무도 의심하거나 왜곡하지 않습니다.

소문이 없는 조직은 없습니다. 직원들의 신상명세에 대한 것부터 조직 개편, 구조 조정, 임금 인상에 대한 것까지 별의별 '카더라'가 나돕니다. 조직장 A 는 그런 사실을 잘 알기에 소문을 수집은 하되 일일이 대응하지는 않기로 합니다. 그런데 어느 날, 그 같은 원칙을 뒤흔드는 일이 발생합니다.

조직장 A는 소문 하나를 듣습니다. 팀장 B가 거래업체 (가)에게서 뇌물을 받는다는 겁니다. 10년째 회사에서 함께 일해온 팀장 B는 매년 좋은 성과를 내왔고 덕분에 승진이 빨라 동료들의 입방아에 자주 시달려왔는데요. 그럼에도 뇌물 수수 건은 쉽게 넘길 사안이 아니기에 A는 사내에 알려지지 않게 조용히 사실 여부를 확인합니다.

팀장 B에 대한 소문은 사실이 아니었습니다. A는 안도함과 동시에 잠시 고민에 싸입니다. "팀장 B의 뇌물수수 소문은 사실이 아닙니다."라고 발표를 해야 할까요? 어떻게 해야 할까요?

고민 끝에 조용히 덮기로 합니다. 발표를 하면 오히려 일이 커질 수도 있고, 또한 사실이 아니니 시간이 지나면 소문은 저절로 가라앉겠거니 생각합니다. 그런데 그로부터 얼마 후 문제가 불거집니다. 그냥 두었더니 소문이 진짜 사실인 것처럼 숫자까지 구체화됩니다. 급기야 다른 거래업체 (나)로부터 공식적인 항의까지 받습니다. 조직 내부를 넘어 외부 업체에까지 소문이 쫙 퍼진 것이지요. 이제 와서 사실이 아니라고 얘기해보았자 일은 벌어졌고 때는 늦은 겁니다.

조직장 A는 어떻게 해야 했을까요? 헛소문에 일일이 대응할 수는 없는데 말입니다. 당신이라면 어떻게 하겠습니까? 그렇게 결정한 이유는 무엇입니까?

6. 테세우스의 배는 같은 배인가, 다른 배인가?

● 홉스
기업 혁신의 딜레마

~~~~~~~~~~~~~~~~~~~~~~~~~~~~~~

옛날 옛적에 테세우스라는 배 한 척이 있었습니다. 단단한 나무로 만들어진 테세우스호는 오랫동안 전장을 누비며 혁혁한 공을 세웁니다. 사람들은 테세우스호가 역사적으로 중요하다 여기고 많은 사람들이 오가는 광장에 전시를 합니다.

그런데 세월의 풍파에 깎이고 닳아 더 이상 배의 무게를 지탱하고 모양을 유지할 수 없는 지경에 이릅니다. 사람들은 같은 종류의 목재로 배의 부분부분을 수리합니다. 오랜 시간에 걸쳐 천천히 수리가 이뤄진 것이지요.

어느 날, 사람들은 그 배를 구성하는 목재가 처음 진수된 목재가 아니라는 사실을 깨닫습니다. 그러자 철학자들이 질문을 던집니다.

"이 배는 역사적인 그 배와 동일한 배입니까?"

이 주제에 대해 많은 논의가 벌어집니다. 그렇지만 어느 입장이 참인지 결정나지 않습니다. 그런데 설상가상 이런 상황을 더 복잡하게 만드는 사람이 나타납니다. 근대의 태동을 알린 시대의 천재, 토머스 홉스입니다.

•

무엇이
진짜입니까

홉스는 『리바이어던』에서 하나의 가정을 합니다. 원래의 배를 구성하던 목재 중 오래되어 버려진 것을 어떤 수집가가 하나둘씩 모아 또 다른 배를 만드는 경우입니다. 그렇다면 광장에 전시되어 있는 배가 용맹을 떨쳤던 그 배일까요? 아니면 수집가가 만든 배가 그 배일까요? 사람들은 더욱 고민에 빠집니다.

당신은 무엇이

진짜 테세우스호라고 생각하나요?

대다수 사람들은 버려진 목재를 이용해 수집가가 만든 배를 '오리지널'이라 생각합니다. 하지만 자재만 예전 배의 것일 뿐 어차피 배 자체는 새로 만들어진 겁니다. 그런데도 오리지널일까요? 새로운 자재가 덧대어지긴 했으나 본체가 그대로인 배가 오리지널인 건 아닐까요? 어떤 판단을 내리든 당신은 딜레마에 빠지게 됩니다.

좀더 고민해볼까요. 이런 경우를 가정해봅시다. 수집가가 원래의 배에서 분리한 목재를 3년간 창고에 쌓아놓습니다. 그 목재들로 배를 조립하는 데 일년이 걸립니다. 바다를 누비던 배는 4년간 지구상에 존재하지 않은 셈이지요. 그렇게 만들어진 배가 예전에 바다를 누비던 배와 같다고 할 수 있을까요?

우리는 단절된 적이 있는 대상은 동일하다고 생각하지 않습니다. 작년에 위경련을 앓았다가 나았는데 올해 또 배가 아파옵니다. 이런 경우 작년과 동일한 병이라고 말할 수 있나요? 그렇지 않습니다.

이처럼 홉스는 풀릴 듯 풀리지 않는 철학적 질문을 던짐으로써 이것을 영원히 해결할 수 없는 문제로 만들어버립니다.

그렇다면 정작 홉스는 어떤 답을 내놓았을까요? 이 대답을 듣기 전에 먼저 홉스에 대해 알아봅시다.

홉스의 진심

토머스 홉스는 영국 서남부 한 마을에서 태어나 자랍니다. 스페인 무적함대의 공격을 겪으며 자란 그는 그야말로 공포와 함께 살았습니다. 전쟁의 포화 속에서 홉스는 끊임없이 질문을 던집니다.

"인간이란 무엇인가?"

"국가란 무엇인가?"

그리고 이런 답을 얻습니다. '인간은 물질로 구성된 유기체'이며, 국가는 '유기체인 인간의 생존을 보장하기 위해 구성된 결사체'이다.

이 같은 그의 입장은 아리스토텔레스의 인간관, 국가관과 큰 차이가 있습니다. 아리스토텔레스는 인간은 태어날 때부터 주어진 목적이 있고, 이 목적을 달성하기 위해 살아가는 거라 말했습니다. 또한 국가는 이 목적을 달성하는 데 이바지하기 위해 구성된다고 주장했지요. 여기서 말하는 목적이란 이성의 완전한 실현입니다. 그래서 아리스토텔레스는 사물의 본질을 파악할 때 이성을 사용하는 관조적 삶을 최고로 여깁니다.

그런데 홉스에게 이런 주장은 그저 속편한 얘기로 느껴졌을 겁니다. 서로 죽이고 죽는 전쟁의 포화 속에서 살아온 홉스에게 인간이 살아가는 목적이 진리의 탐구라는 말은 와 닿지 않은 것이지요.

그렇다면 홉스는 왜 이토록 어려운 문제를 던진 걸까요? 사실 중세 사람들에게 이런 논쟁거리를 던졌다면 말도 안 되는 소리로 치부할 겁니다. 중세 시대 사람들은 인간은 신에 의해 창조되었다고 믿었습니다. 인간은 신이 주신 영혼을 가졌으며 이 영혼은 결코 파괴되지 않는다고 생각했지요. 그렇기 때문에 영혼이 같다면 같은 인간인 것입니다.

그에 반해 홉스는 인간은 물질로만 구성된다고 믿었습니다. 그런데 인간의 몸은 세포로 이루어졌기에 시시각각 변합니다. 따라서 홉스의 기준에서 보자면 과거의 나와 현재의 나는 같은 사람일 수가 없는 거지요. 홉스는 이처럼 물질로만 구성된 대상의 동일성을 설명하기가 어렵다는 점을 보이고 싶었습니다. 그래서 테세우스호의 딜레마를 예로 든 것이지요.

홉스는 그 배를 그 배이게 하는 것은 배의 형상이라고 말합니다. 여기서 말하는 형상은 굉장히 많은 철학적 함의를 갖는데요. 간단히 설명하면 배의 경우 형상은 그 배의 기능입니다. 그는 전장을 누비던 배의 형상과 광장에 전시된 배의 형상이 동일하고, 그 형상에 존재론적 단절이 없기에 동일한 대상이라 말합니다. 수집가의 배는 처음 바다에 진수될 당시의 부품으로 만들어지긴 했습니다. 하지만 더 이상 그 형상을 갖지 않기 때문에 두 대상은 서로 다른 것이라고 말입니다.

•

우리는 같은 조직에서
살고 있습니까

이토록 어려운 테세우스호 이야기를 꺼낸 건 홉스의 동일성 이론을 설명하기 위해서가 아닙니다. 그 이론을 옹호하기 위해서도 아닙니다. 동일성, 특히 우리가 간과해온 '조직의 동일성'에 대해 생각해보기 위해서입니다.

조직 역시 사람의 몸처럼 오래된 사람이 나가고 새로운 사람으로 채워집니다. 때로 조직원의 50퍼센트 이상이 바뀌기도 하는데요. 그렇다면 구성원 상당수가 바뀌었을 때 이는 같은 조직일까요, 다른 조직일까요? 대부분 그래도 같은 조직이라 대답합니다. 그럼 사옥을 옮긴 회사는 어떨까요? 역시 대부분 같은 조직이라 답합니다. 왜 그럴까요? 조직의 동일성을 가름하는 데는 물질적 요소보다 정신적 요소가 더 중요하기 때문입니다.

사옥, 구성원, 팀 체제 등이 바뀌어도 조직의 비전, 문화와 같은 정신적 요소가 같으면 동일성은 유지된다고 봅니다. 그럼 여기서 질문 하나를 던집니다. 우리는 늘 혁신을 외칩니다. 매년 혁신 과제를 제출하고, 혁신 TFT를 결성하고, 혁신이란 이름으로 일 년이 멀다하고 조직 개편을 하지요. 그래서 어떻게 되었나요?

당신의 조직은 혁신이 되었습니까?
혹, 정말 바꿔야 할 것은 바꾸지 않고,
엉뚱한 것만 바꿔온 것은 아닙니까?

매년 같은 과제가 반복되고, 이름만 바꾼 비슷한 개편이 계속되는 것을 보면 제대로 된 혁신은 아닌 모양입니다. 그럼 조직을 진정으로 혁신하고 싶다면 무엇에 집중해야 할까요?

정신적 요소입니다. 형태가 아닙니다. 구성원들의 생각을 바꾸란 얘기입니다. 기업의 혁신이 성공하느냐 마느냐는 여기에 달려 있습니다. 조직의 가치, 사업의 방향을 바꾸고자 한다면 이를 윗단에서만 공유할 게 아니라 구성원들 모두에게 온전히 전파해야 합니다.

조직을 하나의 조직이게 만드는 것은 정신적 공감대입니다. 조직을 진정으로 혁신하는 길도 역시 정신적 공감대입니다. 이제껏 당신의 조직은 알맹이가 빠진 빈 껍데기만 붙잡고 있었던 건 아닙니까?

딜레마가
있는
질문

'대한민국 삶의 가치를 높이는 생활뷰티기업'이란 비전을 가진 100년 역사의 생활용품 회사가 있습니다. 이 기업은 수십 년간 국민 세제라 불리는 A세제로 널리 알려져 있는데요. 그런데 어느 날 세제, 샴푸, 비누 등의 생산을 모두 접고 가전제품을 생산하겠다고 합니다. 주요 사업이 완전히 바뀐 것이지요. 그렇다면 이 기업은 이전과 같은 기업일까요, 다른 기업일까요? 그렇게 생각하는 이유는 무엇입니까?

7. 주인과 노예의 변증법은 어떻게 끊어지는가?

주인과 노예의 변증법을 아십니까? 전쟁포로를 모두 죽이던 시절에는 노동력 상실이 막대했습니다. 그래서 사람들은 포로를 노예로 삼기 시작합니다. 노예는 주인의 명령에 따라 노동을 제공하고 그 대가로 생명을 보장받는 것이지요. 주인은 노예에게 인정받음으로써 주인으로서 의식을 확립하게 됩니다.

그런데 중요한 건 노예가 주인을 인정하지 않으면 주인이 주인으로서 존재할 수 없다는 사실입니다. 물론 노예 역시 주인의 자비 없이는 생명을 부지할 수 없지요. 그래서 주인은 노예의 노예가 되고, 노예는 주인의 주인이 됩니다. 왠지 모순 같지요? 이런 복잡한 주장을 펼친 사람은 절대적 관념론을 주장한 독일의 철학자 헤겔입니다.

주인이
노예의 노예가 되는 법

영국이 산업혁명에 성공하고 미국이 신흥 국가로서 독립을 부르짖고 프랑스에서 나폴레옹이 태어난 시점입니다. 그즈음 헤겔은 당시 유럽에서는 후진국이었던 독일에서 세무서 관리의 아들로 태어납니다. 신학교에 진학해 독일 고전철학의 대표자 중 한 명인 셸링을 만나는데요. 후에 셸링의 도움으로 예나 대학교에서 학생들을 가르치게 됩니다.

헤겔은 뜻밖에도 당시 독일의 침략자인 나폴레옹을 영웅으로 추앙합니다. 1806년 나폴레옹 군대가 독일을 침공한 후 헤겔의 하숙방 밑을 지나가자 헤겔이 "저기 절대정신이 지나간다."고 말한 일화가 유명합니다. 헤겔은 절대정신이 나폴레옹을 통해 구현되었다고 믿은 게 아닌가 싶습니다.

한편, 헤겔은 같은 대학 철학과에서 강의하던 쇼펜하우어와는 늘 경쟁 관계였습니다. 한 번은 쇼펜하우어가 일부러 헤겔과 같은 시간에 강의를 하도록 시간표를 짰습니다. 정면대결을 해본 거지요. 어떻게 됐을까요? 승부는 싱겁게 끝납니다. 천하의 쇼펜하우어였지만, 워낙 명강의로 명성이 드높던 헤겔에게 완패를 합니다.

헤겔은 이렇게 명강의로도 유명하지만 그에 버금가는 명저를 남기기도 했습니다.『정신현상학』이란 책인데요. 여기서 그는 주인과 노예의 변증법을 이렇게 설명합니다.

주인은 노예의 노예이고,

노예는 주인의 주인이다.

무슨 뜻일까요? 주인을 주인으로 만드는 것은 노예입니다. 주인이라고 인정하지 않으면 스스로 아무리 주인이라고 주장해도 주인이 되지 않습니다. 한편 주인은 노예에게서 인정받고 난 후에는 전적으로 노예에게 의존하기 시작합니다. 노예가 제공하는 서비스 없이 살아갈 수 없는 지경에 이르면 주인은 반대로 노예의 노예가 되는 셈이지요.

아랫사람들의 극진한 보필을 받던 퇴역 장성 한 분이 있었습니다. 30년 이상 운전기사가 차를 몰았기 때문에 그는 운전하는 법을 잊은 지 오래입니다. 그래서 퇴직한 뒤로는 자가용을 탈 수 없었습니다. 운전기사가 없으니까요. 대중교통을 이

용해본 적도 없습니다. 그래서 약속 장소로 가다 길을 잃는 일
도 많았습니다. 택시를 타는 것도 쉽지 않았습니다. 왜냐고요?
자신도 모르게 누군가 택시 문을 열어주길 기다렸기 때문입니
다. 운전기사가 모든 걸 해주는 상황의 노예가 된 것이지요.

어떤가요? '주인은 노예의 노예다.'라는 이 같은 발상에서
헤겔의 통찰력을 엿볼 수 있지 않나요?

·

사람과 사람 사이의
정반합

헤겔의 변증법은 워낙 유명해서 한 번쯤 들어본 적이 있을 겁
니다. 정(these)이 있으면 이에 대립하는 반(anti-these)이 생깁
니다. 정과 반이 팽팽하게 긴장을 유지하며 대치하다가, 결국
합(synthese)으로 승화(aufheben)하지요. 합은 정도 아니고 반도
아니며, 정과 반을 동시에 품고 있습니다. 그런데 합은 곧 다
시 정으로 자리매김합니다. 그러면 또 그에 대한 반이 생겨나
고, 양자는 다시 새로운 합으로 승화하지요.

헤겔 변증법의 첫 번째 핵심은 우리의 역사는 변증법의

법칙에 따라 진보해간다는 겁니다. '만물은 끊임없이 변화한다.'는 헤라클레이토스의 사상을 계승하는 셈이지요. 정과 반의 갈등이 영원히 지속된다면 이 세상이 얼마나 암울하겠습니까? 그러나 헤겔은 이런 대립이 새로운 합으로 승화한다는 진보적인 역사관을 내세웁니다.

두 번째 핵심은, 세상에 존재하는 것들은 서로에게 영향을 미친다는 겁니다. 내가 밥을 먹으면 밥이 줄어들지요. 내가 친구에게 화를 내면 친구의 기분이 나빠집니다. 내가 쓰레기를 많이 버리면, 그만큼 지구 오염에 일조하는 셈이 되지요. 의도하지 않아도 우리의 행위는 서로에게 영향을 미칩니다.

마지막으로 헤겔의 변증법적 소통에서는 작용이 있으면 반드시 반작용이 있다고 말합니다. 한쪽 방향으로 내닫는 사람이 있으면 그 반대 방향으로 움직이려는 사람도 있다는 뜻입니다. 『손자병법』에 이런 말이 나옵니다. 불가승재기 가승재적(不可勝在己 可勝在敵). '적이 나를 이기지 못하도록 하는 것은 나에게 달려 있다. 적을 이길 수 있는 요건은 적에게 달려 있다.'는 뜻입니다. 아군이 적군을 이기는 것은 아군이 잘해서가 아니라 적군이 못하는 것에 달려 있다는 말입니다. 이는 헤겔이 말하는 반작용의 예입니다. 잘난 척하는 사람들에게 적이 많은 것도 반작용이지요. 상대방 후보가 실수한 것에서 반사이익을 얻으려는 선거 전략도 반작용의 법칙을 이용하는 것입니다.

·

마음의 문은
안에서만 열린다

그럼, 헤겔의 변증법을 지금의 현장으로 가져와봅시다. 그러려면 먼저 주인의 착취와 노예의 반항이라는 악순환의 고리를 끊어야 합니다. 이런 관점에서 보자면 지금의 조직에서 가장 필요한 건 무엇일까요? 리더의 자비심과 조직원의 자발적 존경이 상존하는 분위기입니다. 이것이 바로 상생하는 조직이지요. 리더는 자신에게 가장 중요한 고객이 같이 일하는 사람들임을 분명히 알아야 합니다.

그렇다면 이들의 인정을 받는 방법은 무엇일까요? 강압이나 폭력으로는 마음을 얻을 수 없습니다. 그렇게 얻은 권력에는 권위가 없습니다. 우리는 많은 경험과 사례를 통해 이 사실을 이미 잘 알고 있습니다.

진정으로 인정과 존경을 받으려면 마음을 얻어야 합니다. 인기에 영합하는 리더십을 보이라는 게 아닙니다. 한 사람의 인격체로 존중하고 대우하라는 의미입니다. 사랑과 존중을 보내면 직원들 역시 사랑과 존경을 보내겠지요. 마음이 오고 가는 것은 인지상정의 진리입니다.

물론, 상대를 먼저 인정할 때는 위험부담이 있습니다.

"나는 상대를 인정하는데 상대가 나를 인정하지 않으면 어쩌지?"

"혹시라도 나를 우습게 여기면 어쩌지?"

사람이라면 이런 불안이 생길 수밖에 없지요. 그러나 먼저 인정하고 먼저 배려한다고 해서 자신이 약해 보일 거라 생각하면 오산입니다. 진정 강한 사람만이 타인을 인정하고 포용할 수 있으니까요.

●

그 사장은
어떤 결정을 내렸을까

미국의 한 아이스크림 회사에 분유를 납품하는 낙농업체 대표들이 모입니다. 그들은 건의문 하나를 내밉니다.

"한 달 만에 분유 가격이 3분의 1로 떨어졌습니다. 사정이 매우 어렵습니다. 폭락 이전 가격으로 분유를 구매해주기를 요청합니다."

이 편지를 받아든 구매 담당자는 사장에게 즉각 보고합니다. 중역회의가 열렸고, 길지 않은 시간 뒤 결론이 나옵니다. 어떤 결정이 났을까요? 아마도 셋 중 하나가 아닐까요? 1) 폭락 이전 가격으로 구매한다. 2) 현재 시세로 구입한다. 3) 중간 어느 선에서 가격 협상을 한다.

그런데 사장이 내린 결정은 셋 중 어느 것도 아니었습니다.

"폭락 이전 가격으로 구매하고, 특별경영 지원금 5퍼센트를 추가 지원한다."

낙농업체 대표들을 이 결정에 크게 감동합니다. 그로부터 2년 후, 이번에는 아이스크림 회사 사장이 낙농업체 대표들에게 편지 한 통을 보냅니다.

"우리 회사는 이제껏 GMO를 사용한 적이 없습니다. 앞으로도 사용할 생각이 없습니다. 협조 부탁드립니다."

당시 GMO 사료는 일반 사료보다 월등히 저렴해 많은 낙농업체에서 사용하고 있었습니다.

얼마 후 소비자 단체들이 시장에서 아이스크림을 무작위로 샘플링해 조사를 합니다. 그랬더니 모든 아이스크림에서 GMO가 검출됩니다. 그런데 이 회사 제품에서는 GMO가 나오지 않습니다. 낙농업체들이 사장의 요청대로 GMO 사료를 전혀 쓰지 않은 겁니다. 경쟁회사들이 소비자단체의 불매운동에 시달릴 때 이 회사 제품은 추천 목록에 오릅니다. 미국의 유명한 아이스크림 벤앤제리 이야기입니다.

헤겔은 "마음의 문은 안에서만 열린다."고 했습니다. 문을 열 수 있는 문고리는 밖이 아닌 안에 있다는 뜻이지요. 내가 먼저 열지 않으면 상대의 마음은 열리지 않습니다.

구태의연한 말이라 생각할지 모릅니다. 하지만 아무리 살벌한 비즈니스 현장도, 상하 위계질서로 얽매인 사람 사이도 이 같은 진리에서 비껴가지 않습니다. 벤앤제리 이야기는 동화가 아닌 실제 이야기입니다.

꽃들도 사랑하고 정성을 쏟으면 잘 자란다고 합니다. 하물며 상사나 리더가 주는 사랑과 존중의 마음을 외면하고 뿌리칠 사람이 있을까요? 물론 시간과 노력은 필요합니다. 하루 아침에 되기를 바라는 게 어리석은 일입니다. 정반합의 상승을 기대해보세요. 주는 것이 곧 받는 것입니다.

사람과 사람 사이에도 분명 정반합의 상승이 있습니다. 그런데 돈과 숫자가 얽힌 비즈니스 조직에서는 어떨까요?

작은 가구공장을 운영하는 사장 A는 직원이 최고의 고객이라는 생각으로 15년간 회사를 운영해왔습니다. 회사는 작았지만 함께 고생하는 직원들이 고마워 경쟁사에 비해 월등히 높은 연봉과 복리후생을 제공해왔습니다. 그것은 사장의 자부심이기도 했습니다. 10년간 함께 일한 현장소장의 딸이 대학에 들어갈 때는 사비를 들여 수백 만 원의 입학금을 대신 내주기도 합니다.

그런데 어느 날 공장에 대형화재가 일어납니다. 마침 기존의 화재 보험을 해지하고 다른 회사 보험으로 갈아타려던 참이어서 아무런 보상도 받지 못합니다. 사장은 회사를 살리기 위해 동분서주했으나 직원들 월급조차 줄 수 없습니다. 그런데 한 달이 지나고 두 달째로 넘어가자 빛이 보이기 시작합니다.

"다음 달에는 밀린 월급을 줄 수 있을 거 같아."

사장은 기쁩니다. 그런데 아무런 예고 없이 직원들의 고소장이 날아옵니다. 놀랍게도 현장소장이 가장 선두에 서 있습니다.

"이제 겨우 두 달 월급이 밀린 건데 나를 믿지 못하고 고소를 하다니. 내가 그동안 어떻게 해왔는데!"

사장은 크게 분노합니다. 하지만 직원들도 할 말은 있습니다.

"그동안 잘해준 것은 알지만 우리도 살아야 합니다. 현실은 현실 아닙니까?"
사람과 사람 사이에는 분명 마음이 오고가는 정반합이 있습니다. 그런데 가끔은 이처럼 현실이 마음을 배신하는 일도 있습니다. 당신이 사장 A라면 앞으로 어떻게 하겠습니까? 그렇게 결정한 이유는 무엇입니까?

8. 세상에서 가장 빠른 아킬레스가 거북이를 이길 수 없는 이유는?

철학자 제논의 죽음에 대한 일화는 충격적입니다. 2,500년 전 이탈리아 남부 엘레아에서 태어난 그는 아주 괴팍한 사람이었습니다. 폭군에 반대하다가 목이 잘려 죽었는데요. 죽기 전에 할 말이 있다며 왕에게 귀를 대라고 하고는 귀를 물어뜯었다지요. 사형 집행관이 놀라 바로 목을 쳤는데도 제논의 목은 여전히 왕의 귀에 매달려 있었다고 전해집니다.

●

제논의 역설

제논은 운동불가능론을 내세웠습니다. 만물은 변하지 않고 정지해 있다는 얘기입니다. 그는 자신의 논제를 증명하지 않습니다. 대신 상대 논제의 허점을 이용했는데요. 반대자들의 논리에서 출발해 그들 스스로 자가당착에 빠지게 해 자신의 주장이 옳다고 주장합니다. '당신이 틀렸기 때문에 내가 옳다.'는 겁니다.

제논은 운동불가능론을 증명하겠다면서 아킬레스와 거북이 이야기를 꺼냅니다. 다음은 물질의 다원성과 운동성을 인정했을 때 어떤 자가당착에 빠지는지를 생생하게 보여줍니다.

"그리스 신화의 영웅 아킬레스는 세상에서 제일 빠르기로 유명하다. 그러나 그런 아킬레스도 먼저 출발한 거북이와의 경주에서 절대 거북이를 이길 수가 없다. 공정하게 경기를 하기 위해 거북이의 출발점이 아킬레스보다 앞서 있다고 하자. 거북이를 따라잡으려면 일단은 거북이가 있는 곳까지 아킬레스가 가야 한다. 그런데 아킬레스가 아무리 빨리 달려도 먼저 출발한 거북이의 출발점에 도달하면 그동안 거북이는 얼마간이라도 앞서가 있을 것이다. 그리고 다시 아킬레스가 그 지점에 도달하면 거북이는 또 앞으로 나가 있을 것이다. 둘 사이의 거리는 좁혀지긴 하겠지만 영원히 좁혀지기만 할 뿐이다. 따라서 아킬레스는 거북이를 따라잡을 수가 없다."

유명한 제논의 역설입니다. 유한한 거리를 무한히 분할할 수 있다고 본 것이지요. 물론 상식적으로 이런 일이 현실에서 가능하다고 생각하는 사람은 없을 겁니다. 그러나 여기에서 중요한 건 이런 일이 실제로 가능한지 아닌지가 아닙니다. 이 논리의 근거가 무엇이고, 만약 잘못된 논리라면 그것을 어떻게 무너뜨릴까 하는 점이지요. 제논의 역설을 어떻게 받아들여야 할까요?

아킬레스와 거북이의 역설은 세 가지 가정을 전제로 합니다. 첫째, 아킬레스와 거북이는 일정한 속도로 움직인다. 둘째, 아킬레스는 거북이와 동일한 방향으로 움직인다. 셋째, 이 세상은 정지해 있다. 그런데 우리는 이 세 가지 가정에 동의할 수가 없습니다. 그리고 실제로 2,000년 뒤 수학과 과학의 발전으로 무한의 신비가 풀리면서 이 역설은 깨집니다.

결론부터 말하면, '아킬레스와 거북이'의 역설은 우리의 직관과 현실 경험을 배반하기 때문에 절대로 진리일 수 없습니다. 무엇보다도 현실은 간단한 가정에 의해 정리되기에는 너무나 복잡하지요. 제논의 역설은 너무나 명백한 오류입니다. 하지만 거기에서 어떤 교훈을 얻는가는 분명 우리의 숙제로 남습니다. 철학자들은 쉽게 풀리지 않는 과제를 제시하고,

그것을 해결하는 과정에서 지혜를 얻기 때문입니다.

•

아킬레스가 거북이를 이기는
2가지 방법

마라톤에서 좋은 성적을 내기 위해서는 어떤 훈련이 필요할까요? 기록을 갱신하기 위해서는 뛰어난 실력을 갖춘 파트너가 있어야 합니다. 자극을 줄 수 있는 경쟁자이자 동반자가 필요한 것이지요. 경쟁할 수밖에 없는 구도라면 여기서 윈윈하는 길은 서로 자극을 주는 것밖에 없습니다. 그렇다면 함께 달리는 상대를 이기는 방법에는 무엇이 있을까요?

다시 제논의 역설로 돌아가보지요. 세상에서 제일 빠르다는 아킬레스가 느림보 거북이에게 패한 이유는 거북이의 뒤를 쫓기만 했기 때문입니다. 여기서 앞선 경쟁자를 단순히 따라가기만 해서는 이길 수 없다는 교훈을 얻습니다.

아킬레스가 거북이를 추월하고 싶다면 거북이가 선택하지 않은 전략을 펼쳐야 합니다. 모방만 해서는 안 됩니다. 동종업계에서 1등 기업이나 리딩 상품을 따라 하는 것은 모방이고 표절입니다. 그러나 이종업계에서 일어난 성공 사례를 자신의 업종에 맞게 고치는 것은 창조적인 벤치마킹입니다. 아킬레스가 거북이 뒤만을 무조건 따라가는 한 절대 이길 수 없는 이유는 모방과 표절에는 한계가 있기 때문입니다. 거북이가 가는 길에서 벗어나 자신만의 다른 길을 찾아야만 앞지를 수 있습니다.

아킬레스가 거북이를 앞지르는 방법은 또 있습니다. 앞에서 말한 대로 자신만의 다른 길을 도저히 찾아내지 못했을 때 고려할 만한 방법입니다.

요즘 자전거를 즐기는 사람이 많습니다. 그런데 자전거 도로를 달리다 보면 다른 자전거의 뒤꽁무니에 바짝 붙어 따라다니는 사람들이 있습니다. 왜 그럴까요? 앞서가는 자전거가 공기를 가르기 때문에 그 뒤를 따라가면 그만큼 공기 저항을 덜 받아 수월하게 갈 수 있지요. 일종의 프리 라이딩입니다. 그래서 자전거든 쇼트트랙이든 마라톤이든, 기록경기에서 일부러 2등 전략을 쓰는 경우가 있습니다. 줄곧 뒤를 따라가다가 결승점에 가까워지면 막판 스퍼트를 내어 따라잡는 것이지요. 게다가 공기 저항만 덜 받는 것이 아니라 앞선 경쟁자를 이기겠다는 목표도 생기니 일석이조인 셈입니다.

1등의 딜레마

아킬레스가 거북이를 이기는 방법, 즉 경쟁 구도에서 이기는 전략을 얘기했습니다만 주의할 게 있습니다. 1등의 딜레마입니다. 항상 앞장서서 달리는 사람은 경쟁자가 바로 뒤에 붙어 있는지, 저만치 떨어져 있는지 볼 수 없습니다. 그러면 당장 앞에 보이는 것이 없으니 목표가 불분명해집니다. 눈앞에 적이 보이지 않기 때문입니다. 그래서 뒤를 힐끗힐끗 돌아보고 확인합니다. 이로 인해 귀중한 에너지가 소비됩니다. 게다가 언제 추월당할지 모른다는 불안은 두려움을 만들어냅니다.

반대 현상도 일어납니다. 방심하는 겁니다. 계속 뒤를 돌아보며 확인하는 것도 문제지만 "지금 나는 1등이고 쉽게 따라오지 못할 거야. 그러니 경쟁자는 관심 없어." 식의 방심도 금물입니다. 지금 세상에서 영원한 1등이란 없으니까요.

그럼 앞서 달리는 사람들에게 필요한 건

무엇일까요?

어쩌면 제논이 말한 '정지'일지도 모릅니다. 세상은 정지해 있다고 여긴 제논의 세계관에 따르면, 운동은 착각에 불과합니다. 그럼 제논은 이 세상을 완전히 잘못 인식한 걸까요? 순간이 영원하다는 제논의 생각은 때로 번득이는 직관을 제공하기도 합니다. 산에 오를 때는 있는지조차 몰랐던 작은 꽃들이 내려오는 길에 갑자기 눈에 들어오는 것도 같은 이유입니다. 정상이라는 고지만을 염두에 두면 주위를 돌아볼 겨를이 없는 것이지요. 그러나 잠시 정지하고 순간을 포착하면 우리는 더 많은 것을 볼 수 있습니다.

우리 모두는 코닥의 몰락을 알고 있습니다. 130년간 세계 필름 시장을 장악했던 코닥은 디지털 카메라 시장의 앞날을 읽지 못해 2012년 파산에 이릅니다. 심지어 최초의 디지털 카메라를 개발해놓고도 기존 사업을 고수합니다. 단순히 트렌드를 읽지 못했다는 탓으로 돌리기 어렵습니다. 1등 기업은 선두를 수성해야 하기 위해 달리던 트랙에서 벗어나 멈추기가 힘들기 때문입니다.

하루하루가 쳇바퀴처럼 바쁘게 돌아갑니다. 비즈니스 시장의 지형도 하루가 멀다 하고 바뀌어갑니다. 이런 가운데 정지된 순간을 음미하는 것이야말로 마음의 평안을 얻는 길인지 모릅니다.

　　운동 속에서 정지를 느끼고, 정지 속에서 운동을 느끼는 것은 인생의 의미를 다른 각도에서 보게 합니다. 새로운 시각을 갖게 하고 그냥 지나친 것들에서 의미를 찾게 합니다. 제논의 역설이 오늘날 지니는 의미는 바로 이런 게 아닐까요.

딜레마가
있는
질문

생활가전회사 A는 강소기업입니다. 소형 생활가전 시장에서 무려 5년간 시
장점유율 70퍼센트를 차지할 정도의 1등 기업이었습니다. 그러나 기존 사업
이 사양사업으로 전락할 것이 늘 두려웠기에 A사는 고심 끝에 중요한 결정을
내립니다.

"필름 시장처럼 우리 시장 또한 분명히 바뀔 것이다. 언제까지 소형가전으로
먹고살 수 없다. 경주마처럼 달리는 것은 여기서 그만두고 신사업을 찾자."

이렇게 해서 A사는 기존 사업은 유지만 하면서 신사업 개발에 몰두합니다.
그러기를 3년째 되던 해, A사는 업계 3등으로 추락합니다. 신사업 개발을 위
해 수많은 비용을 쏟아 부으며 헤매는 동안 2등 기업에 자리를 내준 겁니다.

2등 기업의 추격은 예측을 벗어날 만큼 빨랐습니다. 더구나 1인 가구가 급속
도로 늘어나면서 소형가전 시장은 사양되기는커녕 어마어마하게 커졌고, 이
에 대기업들까지 뛰어들어 도저히 예전 시장을 찾아올 수 없게 되었습니다.

끝없는 시장의 변화, 신기술의 도입, 날로 더해가는 경쟁 속에서 리더는 어떤
결정을 내려야 할까요? 1등의 트랙에서 쉬지 않고 달리겠습니까? 잠시 트랙
에서 벗어나 뒤를 돌아보고 앞을 관망하며 새로운 미래를 설계하시겠습니까?

당신이 3년 전 A사의 리더였다면 어떤 결정을 내렸을까요? 그렇게 결정한
이유는 무엇입니까?

9. 어떤 경우에도 실패하지 않는 전략이 있을 수 있을까?

"그때 그 사람과 엮이지 않았더라면 지금 이 고생은 안할 텐데…."

"그때 타이밍이 너무 좋지 않았어!"

오늘도 남 탓, 상황 탓만 하며 아까운 시간을 낭비하고 있진 않나요? 그렇다면 여기 독일의 철학자이자 시인인 니체의 얘기를 들어주길 바랍니다.

니체는 프로이센의 작은 마을에서 목사의 아들로 태어납니다. 그의 아버지는 니체가 다섯 살 되던 해에 죽고, 어린 남동생마저 곧 세상을 떠납니다. 니체는 "신은 죽었다."라는 유명한 말을 남겼는데요. 루터교 목사 집안에서 태어났음에도 어떻게 그런 불경한 말을 남긴 걸까요?

그는 신이 인간을 만든 것이 아니라, 인간이 신을 만들었다고 생각합니다. 그런데 인간이 신을 더 이상 믿지 않게 되자 죽었다고 여긴 겁니다. 지금 유럽 곳곳에 지어진 웅장한 성당에 가보면 신자들의 모습을 찾아보기가 힘듭니다. 어딜 가나 카메라를 손에 든 관광객만 가득합니다. 신을 믿는 이가 예전만큼 많지 않기 때문입니다. 이런 현상은 이미 니체 시대에 시작되었습니다.

●

인간 정신 발전의 3단계

『차라투스트라는 이렇게 말했다』에서 니체는 '인간 정신 발전의 3단계'에 대해 이야기합니다. 이를 동물에 비유해 아주 쉽게 설명하는데요.

첫째, 낙타의 단계입니다. 낙타는 참을성이 많고 복종을 잘하기 때문에 더운 사막에서 주인이 아무리 무거운 짐을 지워도 불평 없이 묵묵히 다른 낙타의 뒤를 따라갑니다. 낙타에게 필요한 것은 강한 인내심, 즉 정신의 강인함입니다. 낙타는 힘이 없고 소심하기 때문에 주인에게 대들지는 않지만, 그렇다고 진심으로 복종하는 건 아닙니다. 사실 사막에서 낙오 된다는 것은 죽음을 뜻하기 때문에 마지못해 따르는 것뿐이 지요. 그래서 낙타의 마음속에는 르상티망(ressentiment, 원한 감 정)이 쌓입니다. 원한 감정은 건강하지 못한 상태입니다.

둘째, 사자의 단계입니다. 사자는 자유와 권리가 침해당 하면 주인에게 달려들 정도로 용맹하고 사납습니다. 또한 의 무에 대해서조차 아닌 것은 "아니요."라고 말합니다. 문제는 늘 불안하고 고독하다는 겁니다. 사자는 같이 어울려 일을 하 기가 힘듭니다.

인간이 사자와 달리 만물의 영장이 될 수 있었던 이유는 서로 협동하는 윈윈 시스템을 만들 줄 알기 때문이지요. 다른 사람과 같이 어울려 일할 줄 모르는 사람은 똑똑한 듯 보여도 결국 어리석은 것입니다.

그렇다면 세 번째 단계는 무엇일까요? 어린아이입니다. 사자보다 긍정적이고 창조적이지요. 어린아이는 두 가지 특 성을 지닙니다. 첫째, 잘 잊어버립니다. 둘째, 자신이 하는 일 을 놀이처럼 즐깁니다. 어린아이들 모습을 지켜보세요. 조금 전까지 싸우던 친구와 금방 웃고 화해한 후 같이 놉니다. 장난 감을 두고 싸울 때는 평생 원수처럼 지낼 것 같더니 언제 그랬

냐는 듯이 손을 잡습니다. 지난 일에 얽매이지 않습니다. 그게
바로 어린아이이지요.

낙타, 사자, 어린아이
당신은 지금 어떤 단계에 와 있습니까?

·

어쩌다 운이
좋았을 뿐인데

지혜로운 사람 역시 어린아이처럼 쉬이 과거에 붙들리지 않
는데요. 다음 이야기를 한 번 보시지요.

　　중국 송나라에 한 농부가 살았습니다. 하루는 밭에서 일
을 하고 있는데 저쪽에서 토끼 한 마리가 뛰어오는 게 아닙니
까. 그러더니 혼자 나무 밑동에 머리를 들이박고는 기절을 합
니다. 농부는 이렇게 불로소득으로 토끼를 한 마리 잡습니다.
그런데 다음 날부터 농부는 일을 하지 않습니다. 나무 뒤에 숨
어서 '어디서 멍청한 토끼 한 마리 안 오나.' 하며 기다리고 또
기다립니다.

이 황당한 이야기는 『한비자』에 나오는 수주대토(守株待兔)의 우화입니다. 과거의 성공에 안주하는 사람은 이렇게 어처구니없는 일을 저지를 수 있습니다. 어쩌다가 운이 좋아 성공한 전략을 또 써먹으려는 안이한 생각으로는 성공할 수 없지요. 그러려면 과거의 성공을 잊어버려야 합니다.

그런데 잊어야 할 것은 과거의 성공만이 아닙니다. 과거의 실패 또한 잊어야 합니다.

"그때가 기회였는데 옆에서 방해만 안 했어도…."

"왜 하필 거기에 투자한 걸까? 다른 데 투자했으면 지금쯤 엄청 돈을 벌었을 텐데…."

쓸데없는 감정 소모일 뿐입니다. 실패하지 않았더라면 좋았을 거라며 현실을 부정하고, 그로 인한 부정적 감정에 빠져 있는 사람은 새로운 것을 배울 수 없지요. 그런 이들은 실패가 성공으로 나아가는 기회가 된다는 사실을 모릅니다.

실패를 공유한다는 것의
의미

강력접착제를 개발하는 연구원이 있었습니다. 그런데 개발하는 접착제마다 접착력이 떨어지는 겁니다. 그는 실패작이지만 갖다 쓸 사람이 있으면 가져다 쓰라고 말합니다. 다른 연구원이 이 실패작을 가지고 갑니다. 그 연구원은 북마크용 접착제를 개발하고 있었는데, 개발하는 제품마다 접착력이 너무 강해 책에 붙였다 떼면 책이 찢어졌습니다. 그래서 접착력이 떨어지는 이 접착제를 가져다 썼더니 떼었다 붙였다 할 수 있었습니다. 포스트잇은 이렇게 개발되었습니다.

대부분의 사람들은 이 사례를 보고 성공한 두 번째 연구원을 주목합니다. 그러나 중요한 건 첫 번째 연구원입니다. 그가 실패한 결과물을 다른 동료들과 공유하지 않았다면 포스트잇은 세상에 나오지 못했을 겁니다. 자신의 실패가 드러나는 것을 두려워하지 않고 내보인 덕분에 그의 조직은 큰 성과를 거둔 셈이지요.

여러분의 조직에서는

실패를 공유하고 있습니까?

성공을 공유하는 것은 대단히 아름다운 일입니다. 그러나 실패를 공유하면 성공을 공유하는 것보다 보너스가 하나 더 생깁니다. 바로 비용 절감이 이루어집니다. 한 조직에서 비슷한 실수와 실패가 반복되는 것은 엄청난 낭비입니다.

그런데 이에 대한 책임은 80퍼센트 리더에게 있습니다. 만약 리더가 "수치로 나타난 성과만 보고 직원들을 평가하겠다."고 선언한다면, 어떤 사람이 실수와 실패를 공유하겠습니까? 실수와 실패가 곧 그 사람에 대한 마이너스 평가로 이어질 텐데요.

그렇다면 과거의 성공에도 실패에도 얽매이지 않는 방법은 무엇일까요? 바로 과거에서 교훈을 얻는 겁니다. 교훈을 얻기 전에는 과거를 잊지 못합니다. 그럼 교훈은 어떻게 얻을 수 있을까요?

간단합니다. 문제의 원인을 자신의 내부에서 찾는 겁니다. 문제의 원인을 자신에게서 찾으라는 것은 자학하라는 말이 아닙니다. 외부 상황이나 조건들을 바꿔도 자신이 바뀌지 않으면 근본적인 변화는 이룰 수 없다는 뜻입니다. 삶을 살아 가는 주체자로서 내가 어떤 결정과 행위를 하는지가 삶의 방 향을 결정하기 때문이지요.

그래야 비로소 과거를 향한 시선이 현재로 옮겨 오게 되 고, 현재를 진정으로 즐기게 됩니다. 현재를 즐긴다는 것은 지 금 하고 있는 일에 몰입한다는 뜻입니다. "좋아하는 사람은 즐기는 사람만 못하다."는 공자님의 말씀과 일맥상통합니다.

중국의 부호이자 경영자인 마윈은 실패로 점철된 삶을 살았습니다. 중학생 시절엔 낙제생이었고, 대입 시험에서는 120점 만점에 1점을 받았지요. 하버드 대학에 10번이나 도전 하지만 입학을 거절당했으며, 30여 개 회사에 지원하지만 모 두 떨어졌습니다. 그는 여러 번의 실패를 거쳐 알리바바를 창 업했고, 그 과정에서도 역경은 계속됐습니다. 그럼에도 이렇 게 말합니다.

"가장 큰 자양분은 이 시대 무수히 많은 사람들의 실패에 서 나온다. MBA를 수료한 후에 창업을 하면 성공하기 어렵 다. MBA에서는 사람들이 어떻게 성공했는지를 가르치기 때 문이다. 성공한 사람들의 예시만을 배우기 때문에 생각이 현 실적이지 못하다."

마윈은 과거의 실패에 주저앉지 않고 교훈을 얻으며 앞으로 나아가는, 즉 어린아이와 같이 현재를 즐기며 일하는 사람임이 분명합니다.

•

결국 실패하지 않는
전략은

니체는 진정한 리더는 '자신에게 명령할 줄 아는' 사람이라고 말했습니다. 다른 사람의 의지대로 살지 말고, 자신의 의지대로 살라는 뜻입니다. 상사의 명령에 무조건 복종하며 싫은 내색조차 하지 못한 채 끌려가는 낙타가 되어서는 안 되는 것이지요. 그렇다고 사자처럼 팀플레이를 할 줄 모르는 독불장군은 위험합니다. 모든 일을 혼자 끌어안고 독식하는 사람도 위험합니다.

"자신의 명령에 복종하는 사람이 돼라."

니체의 말을 곱씹을 필요가 있습니다. 자신에게 명령만 내리고 복종하지 않는 사람은 의지가 약한 사람입니다. 머릿속으로만 아는 지식이나 마음속으로만 하는 결심은 소용이 없지요. 변화와 성과는 실천을 해야만 나옵니다.

우리 모두 현재 하고 있는 일을 즐길 줄 아는 어린아이가 되는 것은 어떨까요? 자신의 일에 몰입해보는 겁니다. 몰입은 선택과 집중을 통해 나오고, 이는 불필요한 것에 에너지가 분산되지 않도록 해주지요. 가장 핵심적인 것에 최대한의 에너지를 쏟는 전략입니다.

지난날의 영광에 머물러 현실에 안주하거나, 과거의 실패로 움츠러들 필요 없습니다. 우리에게는 더 중요한 현재가 있으니까요. 과거의 성공과 실패에서 오늘을 더 발전시킬 교훈을 얻는다면, 그 모두는 현재를 위한 좋은 밑거름이 될 겁니다.

딜레마가
있는
질문

지난 과거의 성공도, 과거의 실패도 개의치 않고 앞으로만 나아갈 수 있다면 얼마나 좋을까요? 다음의 이야기를 보시지요.

110억 원의 예산을 들여 개발 중이던 배달용 드론이 추락합니다. 15억 원의 손실이 발생했지요. 회사 측은 손실액 전부를 연구원 5명에게 배상 요구합니다. 연구원 한 명당 3억 원을 물어내라고 한 것이지요.

실패는 좌절의 대상이 아니며, 여기서 교훈을 얻어 앞으로 나아가라고 말은 하지만 현실은 어떤가요? 더구나 이처럼 최첨단 기술이 접목된 제품은 한 번 실패하거나 실수를 했을 때 감수해야 할 비용이 천문학적입니다.

우리의 토양은 실리콘밸리와 다릅니다. 투자비용, 투자기간이 명확히 한정되어 있습니다. 주어진 기간 내에 결과를 내지 못하면 회사 전체가 휘청거립니다.

당신이 이 회사의 리더라면 어떻게 하겠습니까? 명백히 연구원들의 실수이고 이 손실액을 메우지 못하면 회사 전체가 위험하니 청구를 해야 할까요? 그러나 그렇게 할 경우 앞으로 어떤 연구개발도 제대로 할 수 없을 겁니다. 누가 나서서 이런 위험한 개발에 뛰어들겠습니까? 당신이라면 어떤 선택을 하겠습니까? 그렇게 결정한 이유는 무엇입니까?

10. 회사에서 당신은 어떤 존재입니까?

● **사르트르**
의자에는 없고,
인간에게는 있는 것

B가 복도에서 열쇠구멍으로 방 안을 들여다보고 있습니다. 무얼 하는 걸까요? 방 안에 있는 C를 엿보고 있습니다. 아무 소리 내지 않으려고 최대한 노력한 덕에 C는 이 사실을 눈치 채지 못합니다.

그런데 갑자기 복도에서 발자국 소리가 들립니다. B는 열쇠구멍으로 방 안을 엿본 사실을 A에게 들키고 맙니다. 이때 B가 느끼는 감정은 무엇일까요? 네, 부끄러움입니다. 쥐구멍에라도 들어가고 싶은 심정이겠지요.

그런데 남의 방을 몰래 들여다보다가 들키는 게 왜 부끄러울까요? 남의 방을 훔쳐보는 것이 도덕적으로 옳지 않기 때문일까요? 글쎄요. 처음에 B는 부끄러워하지 않았습니다. A에게 들키고 나서야 비로소 부끄러움을 느낍니다. C를 엿보는 모습, 나중에 다시 언급하겠지만 상대를 즉자적 대상으로 바라보는 자신의 모습을 들켰기 때문에 부끄러움을 느낀 겁니다. 사르트르는 여기에 대해 이렇게 말합니다.

"부끄러움은 다른 사람 앞에 선 자신에 대한 부끄러움이다."

•

사르트르가
우리에게 묻는 것

장 폴 사르트르는 '프랑스의 지성', '행동하는 양심'으로 불립니다. "나는 언제나 공적으로 주어지는 상을 거절해왔으며, 제도권에 의해 규정되기를 원하지 않는다."고 말하며 노벨 문학상 수상을 거부하기도 했지요. 그가 죽자 무려 5만 명의 국민이 운구 행렬을 따르는데요. 정치가나 연예인도 아니고, 난해하기 그지없는 책을 쓴 이 철학자에게 프랑스 국민들이 최대한의 경의를 표한 겁니다.

그는 프랑스 공산당과 함께 노동자의 삶을 향상시키려 노력했고, 모택동주의자들의 전단을 길거리에 뿌리기도 했습니다. 모택동의 뜻에 찬성하기 때문이 아니라, 한 번쯤 알아볼 필요가 있는 사상이라 생각했기 때문입니다. 또 쿠바에 가서 체 게바라를 직접 면담할 정도로 좌파 성향이 짙은 철학자였습니다. 그러나 이후, "소련은 지상낙원이 아니며 인간을 억압한다."고 판단하고는 현실적으로 사회주의가 가진 한계를 비판합니다. 그만큼 용감하고 진실한 지식인이었기 때문에 프랑스 국민들이 그토록 존경한 것입니다.

사르트르는 "실존은 본질에 앞선다."라는 유명한 말을 남깁니다. 무슨 말일까요?

의자는 자기 자신을 의식할 수 없는 존재입니다. 또한 의자는 그냥 만들어진 것이 아니라 일정한 목적을 갖고 만들어졌습니다. 그에 비해 인간은 어떤가요. 목적이 없으며, 자신의 삶을 스스로 선택하고 결정할 수 있는 자유를 지녔습니다. 즉, 인간은 실존이 본질에 앞서는 겁니다.

사르트르에 따르면, 세상의 모든 존재는 둘로 나뉩니다. 즉자적(即自的) 존재와 대자적(對自的) 존재입니다. 즉자적 존재는 의식이 없는 객체입니다. 의식이 없기 때문에 적극적으로 행동할 수 없고, 삶의 환경에 대해 자유를 행사할 수도 없지요. 쉽게 말해 무생물은 모두 즉자적 존재입니다. 반면에 자기 자신을 대할 수 있는 의식을 가진 것을 대자적이라고 하는 데요. 따라서 대자적 존재는 의식이 있는 존재를 말합니다.

인간은 본래 대자적 존재인데, 타인에게 관찰 대상이 되면 즉자적 존재로 전락합니다. 그러면 적극적으로 행동할 수도, 자유를 행사할 수도 없게 되지요. 따라서 우리는 다른 사람들을 즉자적으로 대해서는 안 됩니다. 스스로 삶의 주인공이 되게끔 도와주어야 합니다.

남의 방을 엿보다가 들킨 사람은 스스로 부끄러운 줄 알아야 합니다. 남에게 들키기 전에도 자신이 하는 행동을 목격하는 사람은 존재하기 때문입니다. 모든 일에는 목격자가 있습니다. 바로 자기 자신입니다. 이는 공자가 『논어』에서 말한 신독(愼獨), 즉 "홀로 있을 때 삼가라."는 교훈과 맥을 같이합니다.

남이 자신을 보고 있다고 생각하면 누구든 행동을 조심합니다. 그러나 아무도 보고 있지 않다고 생각하면 다소 함부로 행동하는 경향이 있습니다. 그러나 자신이 함부로 행동하는 것을 자기 자신만은 분명히 알고 있습니다.

어떤 존재로 보느냐에 따라
해결책이 달라진다

몇 년 전, 미국의 한 IT 회사에서 실제 있었던 일입니다. 회사의 운명을 가를 만큼 중요한 M&A 관련 회의가 있었습니다. 그런데 바로 다음 날, 회의 내용이 신문에 대문짝만 하게 실립니다. 이후 회의가 있을 때마다 같은 일이 반복됩니다.

화가 난 회장은 이 일을 신문에 흘린 사람이 누군지 찾아내기 위해 사립탐정을 고용합니다. 그는 상상을 초월할 만큼 치밀하게 조사를 하는데요. 중역들을 미행하고, 이메일을 해킹하고, 도청장치를 달고, 운전기사를 첩자로 심어놓습니다.

그런데 이토록 열심히 조사했음에도 회사 기밀을 빼돌린 중역을 찾는 데 실패합니다. 심증은 가는데 명확한 물증이 없었기 때문이지요. 뿐만 아니라 이는 오히려 회사에 악재가 됩니다. 회장이 사립탐정을 고용해 중역들을 비밀리에 조사한 사실이 언론에 포착돼 기사가 나가면서 미국의 전 IT 업계가 발칵 뒤집어진 겁니다.

무엇이 어디에서부터 잘못된 걸까요?

여러분이 회장이라면 어떻게 조치했을까요?

우선, 회사 기밀을 외부에 누출한 중역은 어떤 이유에서
든 대단히 큰 잘못을 했습니다. 회사에 충성하고 기밀을 지킬
의무를 저버린 셈이니까요. 그러니 회장이 문제의 심각성을
느끼고, 이런 일이 반복되지 않기를 바라는 건 당연한 일입니
다. 그럼 무엇이 문제일까요? 방법입니다. 회장이 이렇게 이
야기했더라면 어땠을까요?

"여러분, 지금 우리 회사의 민감한 사안이 계속 밖으로 새
어나가고 있습니다. 사안의 민감성도 그렇지만, 내부 기밀이
유출될 경우 그 피해는 전 직원들에게 돌아갑니다. 게다가 우
리는 신뢰를 위협받고 있습니다. 회의에 참석한 서로를 믿지
못한다면 어떻게 발전적인 논의를 계속할 수 있겠습니까? 회
사 전체가 공황 상태에 빠질 것을 알면서도 그 같은 행동을 반
복한다는 것은 아주 심각한 문제입니다. 어떻게 하면 재발을
막을 수 있을지 다 같이 논의했으면 합니다."

사립탐정을 고용해 뒤를 캐기보다 이런 식으로 설득하는
것이 훨씬 나았을 겁니다. 왜냐고요? 모든 사람을 주체적으로

대우하는 것이기 때문입니다. 문제의 중대함을 인식하고 해결책을 찾는 데 모두를 동참시키는 것은 그들을 삶의 주인공, 즉 대자적 존재로 대우하는 겁니다. 반대로 몰래 감시하고 염탐하는 것은 즉자적 존재로 대하는 태도입니다.

또한 이렇게 하면 이미 해결책을 찾은 것이나 다름없습니다. 모두를 동참시킴으로써 이 문제는 모두의 문제가 되었습니다. 그러니 스스로 더욱 적극적으로 해결책을 찾아내겠지요.

•

그렇다면 우리는
어떤 존재인가

민감한 사안을 다루는 직원들에게 RFID(무선인식) 카드를 나눠주는 회사가 늘고 있습니다. 그만큼 사람을 믿기가 힘들다는 말이지요. 회사에 대한 기본적인 충성심조차도 믿기 힘든 상황이 연일 보도되는 것도 이런 상황을 부채질합니다.

이런 경우 주의할 게 하나 있습니다. 당사자의 동의를 구해야 한다는 점입니다. 규칙이니까 무조건 따라야 한다는 암

묵적 강압, 충분한 설득과 공감이 없는 일방적 감시는 직원을 즉자적 존재로 만듭니다. 즉자적 존재로 전락했다고 느끼는 순간, 회사에 대한 충성심도 사라질 수 있습니다. 반면, 자신이 감시당할 수 있다는 사실을 알고, 그래야 하는 이유에 대해 충분히 납득하면 그 직원은 대자적 존재가 됩니다. 그럼 자발적으로 회사의 규칙을 따르게 됩니다.

당신의 회사는, 당신을 어떤 존재로 대하고 있습니까?
그리고 당신은, 팀원을 어떤 존재로 대하고 있습니까?

회사에서 규칙을 정할 때 지켜야 할 원칙이 있습니다. 규칙의 적용 대상인 직원들에게 어떻게 하는 것이 좋을지 먼저 묻는 겁니다. 그들이 원하는 대로 다 해주라는 말이 아닙니다. 직원들에게 대안을 직접 들어보는 '과정'이 중요하다는 거지요. 이것은 그들을 즉자적 존재로 떨어뜨리지 않고 대자적 존재로 대우하는 최상의 방법입니다.

딜레마가
있는
질문

의견을 묻는다고 해서, 대화를 한다고 해서, 상대를 대자적 존재로 대하는 것
은 아닙니다. 다음 경우를 보시지요.

대대적으로 인원감축을 해야 하는 상황입니다. 각 본부에서 3명씩 내보내라
는 공지가 내려옵니다. 본부장들은 고민에 싸입니다.

A본부장은 팀장들을 전부 소집해 이렇게 말합니다. "누구를 내보낼지 함께
논의해봅시다." 팀장들과 허심탄회한 논의 끝에 명단을 정한 후 이렇게 공표
합니다. "이 명단은 팀장들과 논의하여 결정한 것이니 따라주기 바랍니다."

B본부장은 팀장들을 한 명씩 따로 불러냅니다. "누구를 내보내면 좋을지 의
견을 내보세요." 이후 명단이 공개되고, B본부장은 말합니다. "이 명단은 내
가 결정한 게 아닙니다. 팀장들과 논의하여 결정한 겁니다." 팀장들은 '내가
낸 의견과 다르잖아.'라고 의문을 갖지만 이미 끝난 일입니다.

C본부장 역시 팀장들 모두를 불러 모읍니다. "대단히 마음 아프고 힘든 일입
니다. 다들 입장이 곤란할 겁니다. 십자가는 제가 지겠습니다. 제가 혼자 결
정하겠습니다." C본부장은 명단을 발표합니다. "여러분, 저 혼자 결정한 일
이니 모든 책임과 비난은 제가 지겠습니다."

여러분은 어떤 본부장의 처사가 가장 바람직하다고 생각하나요? 그렇게 생
각하는 이유는 무엇입니까?

11. 누가 먼저 블랙스완을 발견할 것인가?

● 포퍼
열린리더와 닫힌리더

한 아이가 아버지에게 묻습니다.

"아빠, 백조는 무슨 색깔이야?"

"당연히 흰색이지!"

이제 아버지는 아이에게 자신의 주장을 뒷받침할 수 있는 증거를 제시해야 합니다. 한 마리의 흰색 백조를 보여주는 것으로는 충분하지 않습니다. 흰색 백조를 많이 보여주면 보여줄수록 "백조는 희다."라는 명제는 더욱 믿을 만한 것이 됩니다. 이것이 귀납적 방법이지요.

그러나 아무리 흰 백조를 많이 보여줘도 "백조가 희다."라는 명제가 과학적으로 참이 되지는 않습니다. "검은 백조는 한 마리도 존재하지 않는다."는 것을 증명해야 비로소 참이 됩니다. 그런데 호주에 가면 검은 백조, 즉 블랙스완이 버젓이 존재합니다. 아이 아버지가 이 사실을 알았다면 더 쉽게 진리에 다가갈 수 있었겠지요. 우리 모두에겐 이런 블랙스완이 있을 겁니다.

당신의 블랙스완은 무엇입니까?

•

칼 포퍼에 대하여

모든 사람은 죽는다. 이 명제를 부정하거나 의심하는 사람은 없습니다. 그런데 이제껏 죽지 않은 사람이 없다고 해서 앞으로도 영원히 그럴 것이란 생각은 착각입니다. 우리는 너무나도 쉽게 귀납법의 오류에 속습니다. "모든 사람은 죽는다."는 명제처럼 단단한 진리도 부정될 만한 가능성이 있다면, 다른 것은 말할 것도 없겠지요. 우리가 가진 데이터가 한 방향을 가리킨다고 해서 그 방향이 무조건 옳다고 생각하는 것은 무지입니다.

진리를 발견하는 것에 어떤 정해진 코스가 있진 않습니다. 수많은 시도와 실패를 겪어야만 진리에 도달할 수 있습니다. 어쩌면 진리에 도달할 수 없을지도 모르지요. 하지만 그 방향으로 나아갈 수는 있습니다. 모든 주장은 틀릴 가능성을 안고 있을 때 역설적으로 진리일 수 있는 가능성이 생깁니다. 이것이 리더가 자기만족과 자만심에 빠져서는 안 되는 이유이기도 합니다.

"불완전해야 완전하다."

바로 영국의 저명한 철학자 칼 포퍼가 한 말입니다.

1902년에 오스트리아에서 태어난 포퍼의 아버지는 유대인 변호사입니다. 포퍼는 인종이나 혈통으로 사람을 분류하는 데 반대했고, 스스로도 유대인으로 분류되길 거부합니다. 그래서 나치즘도, 시오니즘도 반대했지요. 처음에 포퍼는 마르크스주의에 심취했지만, 유물론적 역사관에 회의를 품으면서 사회자유주의를 지지합니다. 나치가 정권을 잡자 탄압을 피해 뉴질랜드로 이민을 갔다가 전쟁이 끝난 뒤 영국으로 건너가 런던 경제대학에서 강의를 합니다.

나치의 폭압으로 인해 그는 외가 친척 열여섯 명을 잃습니다. 이런 상황에서 그가 할 수 있는 일이란 비참한 현실에 대항해서 글을 쓰는 것뿐이었지요. 그래서 그 유명한 『열린사회와 그 적들』을 통해 플라톤을 신랄하게 비판합니다.

왜 하필 플라톤일까요? 플라톤의 이데아론, "영원한 진리를 인식할 수 있다."는 주장 때문입니다. 이 같은 결정주의가 인류를 닫힌사회로 이끌었다고 본 것이지요. 포퍼는 플라톤뿐만 아니라 아리스토텔레스, 헤겔, 마르크스 등의 철학자도 같은 이유로 비판합니다. 이들이 이른바 열린사회의 적들인 것이지요.

나아가 그는 '나는 항상 옳다. 나는 진리를 발견했다.'고 생각하는 모든 사람들을 공격합니다. "사람들이 자신이 무지하다는 사실을 깨닫지 못하는 것은 더 큰 무지에 휩싸여 있기 때문이다."라고 말하면서요.

포퍼는 이처럼 열린사회를 지향했지만, 아이러니하게도 학문적인 토론에 있어서만큼은 열려 있지 않았습니다. 조금도 양보를 하지 않았지요. 포퍼와 논쟁을 벌이던 비트겐슈타인이 화가 나 부지깽이를 휘둘렀다는 일화는 유명합니다. 그래서 어떤 학자는 "『열린사회와 그 적들』은 '열린사회의 적'에 의해 쓰였다."고 비꼬기도 했습니다.

당신의 조직은
열려 있습니까

여기서 한 가지 의문이 떠오릅니다. 바로 오늘, 우리가 발을 딛은 이곳은 열린사회, 즉 열린조직일까요? 어떤가요? 그럼, 열린조직이란 무엇일까요?

단순합니다. "나를 비판하라."고 다그칠 수 있는 리더가 있는 곳이 열린조직입니다. 그런데 누구든 다른 사람을 비판할 때는 조심하고 움츠러들게 마련입니다. 특히 공개적으로 비판할 때는 더욱 그렇습니다. 그 대상이 자신의 상관이라면 말할 것도 없겠지요.

그런데 리더 중에는 독선적인 성향을 가진 사람이 꽤 많습니다. 이들은 직원들을 모두 모아놓고 일장연설을 한 후 이렇게 묻곤 합니다.

"질문이나 이의 있는 사람?"

사람들에게 이런 기회를 주는 자기 자신을 흡족하게 여깁니다. 그러나 리더의 독선적 성향을 아는 사람들은 돗자리를 깔아줘도 선뜻 입을 떼지 않습니다. 답이 없으니 리더는 아무 문제없다고 여길지 모르지만, 실상 문제가 없을 수는 없지요. 눈치를 보느라 쉬쉬하며 덮어두는 것뿐이니까요. 일이 터지고 나서야 리더는 벌컥 화를 냅니다.

"왜 진작 말하지 않았어! 이제 와서 그런 얘길 하면 어떡해!"

자신이 조장하는 강압적 분위기가 사람들의 입을 막았다는 사실은 끝내 알지 못합니다. 누구 때문에 일이 어긋났는지, 왜 대처가 늦어졌는지, 그 또한 알지 못합니다.

또 회사를 다니면서 이런 비슷한 얘기를 들어본 적이 있을 겁니다.

"우리 회사에 대단히 자랑스러운 분이 있습니다. 그 유명한 제품을 개발한 부사장님입니다. 이쪽 업계에서는 그야말로 전설로 통하는 분입니다."

그런데 그 자랑 이면에는 어두운 그림자가 있습니다. 즉 '그분'이 그 회사에 '살아있는 전설'로 있는 한 다른 방식의 기술 혁신은 일어나기 힘들 수 있다는 점입니다. 왜냐고요? 전설의 말은 언제나 옳다는 믿음이 있기 때문입니다.

이렇게 리더의 눈치만 살피는 조직, 자유롭게 의견을 개진할 수 없는 조직, 기존의 법칙을 고수하는 곳은 닫힌조직입니다. 닫힌조직에는 미래가 없습니다. 과거의 영광에만 매달려 있지요. 과거에 옳은 결정을 내렸고 성공을 했다고 해서 항상 그러리라는 보장은 없는데 말입니다.

•

누가 먼저 블랙스완을
발견할 것인가

사업이 힘들 때 지푸라기라도 잡는 심정으로 점쟁이를 찾을 때가 있습니다. 어떨 때는 저명한 경제학자들이 경기를 예측하는 것보다 점쟁이 말이 더 잘 맞을 때도 있지요. 그런데 왜 점쟁이의 말은 잘 틀리지 않는 걸까요? 왜냐하면 그들은 여기에도 맞고, 저기에도 맞는 말을 하기 때문입니다.

이처럼 절대로 틀리지 않는 말은 과학적 진리가 아닙니다. 틀릴 가능성이 있을 때 그 말은 진리일 수 있습니다. 더 정확하게 말하면, 틀렸음을 검증하는 방법이 있어야 그것은 과학적 진리일 가능성이 있는 겁니다.

점쟁이의 말에 대해 맞다, 틀리다를 답하기가 어렵듯이 이렇게도 저렇게도 반박할 수 없게끔 만드는 상사가 있습니다. 가만히 들여다보면 이것은 소통이 아니라 불통입니다. 윽박지르거나, 반대하기 애매한 논리로 사람들의 입을 틀어막는 것이지요. 이런 불통이 계속되면 어떻게 될까요? 사람들은 숨이 막혀서 죽고 맙니다. 결국 그 조직이 죽는 것이지요.

에디슨은 수많은 실패 끝에 전구를 발명합니다. 그는 실패할 때마다 "나는 전구를 만들 수 없는 방법을 또 하나 배웠다."고 말합니다. 긍정적인 사고의 극치인 셈입니다. 이런 긍정적 사고는 도대체 어디에서 나온 걸까요? 과거의 성공에 안주하지 않는 태도, 더 중요하게는 과거의 실패에서 교훈을 얻는 마음자세지요. 우리가 실패에서 배워야 하는 이유는, 원래 진리가 반증을 통해 증명되는 것이기 때문입니다. 문제는 '누가 먼저 블랙스완을 발견할 것인가' 하는 점입니다.

인간은 불완전하기에 내가 틀리고 당신이 옳을 수 있다는 열린마음, 시행착오와 실패를 거쳐 진리에 가까워질 수 있다는 열린태도로 모두가 함께할 때 비로소 블랙스완을 발견할 수 있습니다.

딜레마가 있는 질문

"우리가 맞닥뜨린 도전에 대해 여러분에게 솔직하게 말할 것입니다. 여러분과 의견이 일치하지 않을 때에 더욱 더 여러분의 의견에 귀 기울이겠습니다."
버락 오바마의 당선연설 중 한 대목입니다. 국민들과 소통하려는 그의 마음가짐이 명쾌하게 드러나지요. 오바마는 소통의 시작을 솔직함이라 여기고 서로의 차이를 인정했습니다.

반면 스티브 잡스는 꽤 독선적인 사람으로 알려져 있습니다. 그에겐 시장을 내다보는 눈, 사람들의 마음을 꿰뚫는 남다른 심미안이 있었지요. 그래서 신사업과 신제품에 도전할 때 모든 것을 혼자 주도했습니다.

리더는 늘 열린 소통을 해야만 하는 걸까요? 오바마처럼 가능한 한 모든 구성원의 생각을, 심지어 반대자의 생각을 들어야만 하나요? 차라리 능력 있는 리더가 신속하고 현명한 결정을 내리는 게 나은 경우도 있지 않나요? 여러분의 생각은 어떻습니까?

12. 모두에게
이익이 되는 것이
내게도 이익이
될 수 있을까?

● 루소
협업과 사슴 사냥 게임

～～～～～～～～～～～～～～～～～～～～

당신이 산속에 사는 부족 전사라고 가정합시다. 전쟁이 일어
나면 적과 용감하게 싸우지만, 평소에는 가족의 생계를 책임
지는 가장입니다.

어느 날 추장이 부족의 사냥꾼들을 모두 모아 사슴 사냥
을 나가기로 결정합니다. 부족민 모두 오랫동안 고기를 먹지
못해 심각한 문제가 생기기 직전이었습니다. 사냥꾼은 대형
을 짜고 각자 역할을 맡습니다. 당신은 몰이꾼 반대편에 매복
조로 배치됩니다.

그런데 반나절이 지나도록 사슴은 그림자도 보이지 않습
니다. 그런데 갑자기 눈앞에 토끼 한 마리가 나타납니다. 이
순간, 어떻게 하시겠습니까?

눈앞의 토끼를 잡아야 할까요,

아니면 약속한 대열을 지켜야 할까요?

•

눈앞의 토끼를 잡는다면?
잡지 않는다면?

프랑스 계몽사상가 장 자크 루소가 『인간 불평등 기원론』이라는 책에서 얘기한 사슴 사냥의 우화입니다.

첫 번째, 토끼를 잡았다고 가정합시다. 내가 토끼를 잡아서 가져가면 내 가족을 먹일 수는 있습니다. 그런데 내가 대열을 어지럽히는 바람에 동료들은 사슴을 잡는 데 실패할 수 있습니다. 그렇게 되면 다른 부족민들은 배를 주리게 됩니다. 부족의 다른 이들을 배신했으니 나는 추방되어야 할까요? 물론 내게도 할 말은 있습니다. 사슴은 언제 올지 모르고, 토끼는 바로 눈앞에 있었으니까요.

"자리를 이탈한다고 해서 사슴이 내가 있는 곳으로 온다는 보장은 없잖아. 빨리 잡고 자리로 돌아가면 토끼도 잡고 사슴도 잡고, 일석이조인 거야."

이렇게 주장할 수도 있습니다.

두 번째, 토끼를 잡지 않고 사슴을 기다렸다고 가정합시다. 눈앞에 뛰어다니던 토끼는 사라지고 보이지 않습니다. 역시나 끝끝내 사슴도 나타나지 않습니다. 부족민 모두 지친 표정으로 집으로 향합니다. 집에서 기다리고 있을 배고픈 처자식 생각을 하니 더욱 괴롭습니다. 그런데 다른 전사의 배낭에 토끼가 담긴 것이 얼핏 보입니다.

"저 사람이 토끼를 잡는 바람에 포위망에 구멍이 뚫려 사슴을 놓쳤을 수도 있어!"

물론 사슴은 애당초 없었을 수도 있습니다. 진실은 알 수 없지만, 분명한 건 내게는 토끼가 없고 저 사람에게는 토끼가 있다는 사실입니다.

내가 대열을 지키기로 한 순간, 다른 사람은 토끼를 잡기로 결정한 건지도 모릅니다. 나 혼자 원칙을 지키고 리스크를 떠안겠다는 바보 같은 결정을 내린 셈이지요. 이렇게 생각하면 토끼를 잡든 잡지 않든 만족할 리 없습니다.

공동의 이익은 멀리,
개인의 이익은 눈앞에

그렇다면 너도나도 눈앞의 토끼 한 마리를 잡는 데 열중한다
고 해봅시다. 이렇게 되면 추장은 사람들을 제대로 통솔하지
못한 셈입니다. 게다가 한두 명이 아닌 여러 사람이 대열에서
이탈하면 나머지 사람들도 대열에 남는 것이 무의미해집니
다. 어차피 사슴은 혼자 잡을 수 없으니까요.

　협업의 길은 멀고, 개인의 이익은 눈앞에 확실히 놓인 상
황입니다. 물론 이런 일이 반복된다면, 부족 사람들은 토끼 고
기는 간혹 먹을 수 있을지 모르지만, 사슴 고기는 영영 먹을
수 없게 되겠지요.

　이쯤에서 중요한 질문을 던집니다. 그렇다면 사람들은 애
초에 왜 부족을 이룬 걸까요? 혼자 숲에 들어가 사냥을 하면
큰 짐승을 잡기가 힘듭니다. 오히려 맹수에게 잡혀 먹힐 가능
성이 대단히 높습니다. 그럼 두 사람이 사냥하러 가면 어떨까
요? 사슴처럼 조금 더 큰 동물을 잡을 수 있습니다. 그리고 사
자나 호랑이에게 잡혀 먹힐 가능성은 혼자일 때보다 좀더 줄

어둡니다. 여러 명이 가면 어떨까요? 능력과 무기에 따라 커다란 맹수도 잡을 수 있겠지요.

이처럼 사람들은 더 나은 사냥감을 잡기 위해 부족을 이뤘고, 더 나은 생존을 위해 사회를 구성한 겁니다. 물론 함께 사냥을 하는 데는 조건이 있습니다. 양보하고 협동하고 인내해야 합니다. 무엇보다 서로 신뢰해야 합니다.

여기서 루소의 의견이 궁금해집니다. 계몽주의자 루소는 사슴 사냥 문제를 어떻게 보았을까요?

사슴 사냥은 혼자 할 수 없기 때문에 반드시 팀워크가 필요합니다. 그러기 위해서는 동료와 적극적으로 소통해야 하지요. 각자 어떤 역할을 맡고, 어떻게 대열을 맞추고, 어떻게 사냥을 해갈지 소통이 되어야 합니다.

그런데 이 소통에 반드시 포함돼야 할 것이 있습니다. 사슴을 잡은 후 어떻게 나눌 것인가, 즉 '분배 정의'에 대한 문제입니다. 사람들은 그냥 움직이지 않습니다. 모두에게 이익이 되는 일임을 온전히 받아들일 때 움직입니다. 그 이익이 자신에게도 돌아올 것임을 알아야 동기부여가 되니까요. 이처럼 공동체 전체의 이익을 위한 일인 경우, 이 같은 소통은 생존과 직결됩니다.

이런 분배의 문제는 정치이론가이자 정치경제학자 마이클 테일러의 연구에서도 드러납니다. 그는 원시공동체가 어떻게 유지되는지를 연구했는데요. 그에 따르면 부족은 두 가지 식량에 의존합니다.

하나는 누구든 쉽게 채취할 수 있고 양도 비교적 풍부한 야채입니다. 다른 하나는 며칠 동안 사냥해야 겨우 잡을 수 있는 동물입니다. 추장이 누구인지, 전사들의 사냥 기술이 어느 정도 발달되어 있는지에 따라 많이 잡기도 하고 적게 잡기도 합니다. 그런데 부족민은 야채는 각자 채취한 만큼 가져가면서 고기는 평등하게 나눠 가집니다. 왜일까요?

이유는 간단합니다. 동물성 단백질의 섭취는 생존에 필수적이기 때문에 불평등한 운에 맡길 수 없는 겁니다. 대신 야채는 자신의 노력 여하에 따라 가져가게끔 합니다. 즉, 모든 것을 똑같이 나누는 것이 반드시 정의는 아니란 뜻입니다.

사슴 사냥에서
토끼를 잡아도 되는 경우

다시 앞으로 돌아가, 사슴 사냥 현장으로 가봅시다. 눈앞에 있는 개인의 이익을 버리고, 멀리 있는 공동의 이익을 좇는 것이 사슴 사냥입니다. 더 큰 이익을 위한 대의적 선택이지요.

그런데 상황에 따라서는 사슴 사냥을 나갔다가 토끼를 잡기로 결정할 수도 있습니다. 어떤 경우일까요? 바로 팀의 리더가 그렇게 결정한 때입니다. 시시각각 상황과 조건은 변하고, 따라서 리더는 사슴 사냥을 포기하고 각자 흩어져서 토끼 사냥을 나서는 것이 이익이라 판단할 수 있습니다. 리더가 해체를 결정하는 것이지요. 단, 이때 하나는 반드시 지켜져야 합니다.

"지금부터 사슴 사냥을 포기하고 각자 토끼를 잡는다!"

이 새로운 공지가 모든 구성원들에게 빠짐없이 전달되어야 하는 겁니다. 그렇게 되지 않으면 홀로 대열을 지키며 하염없이 사슴을 기다리는 선의의 피해자가 발생하기 때문입니다.

이렇듯 대규모의 협업은 더 큰 신뢰를 바탕으로 합니다.

그리고 신뢰는 서로 정확히 소통해야만 가능합니다. 사슴을 잡기 위해서는 협동해야 하고, 협동하기 위해서는 소통이 우선입니다.

당신이 일하는 곳은 어떻습니까?

이것이 사슴 사냥인지, 토끼 사냥인지

구성원들 모두가 확실하게 인지하고 있습니까?

다함께 사슴 사냥을 떠난 자리에서

각자 토끼 사냥을 하고 있진 않습니까?

공동의 이익을 위해 다함께 사냥을 떠났습니다. 이틀 동안 고생해서 힘들게 커다란 사슴을 잡아 집으로 돌아왔지요. 그런데 기쁨도 잠시, 고기를 나누는 과정에서 문제가 발생합니다.

"우리집에 사람이 몇인데 이것밖에 안 줘요?"

"내가 제일 선두에 나서서 창을 던졌으니 제일 큰 고기를 주시오!"

"무슨 소리. 제일 뒷단에서 몇 시간 동안 사슴을 모느라 힘쓴 게 누군데!"

'모두에게 이익이 되는 것이 나에게도 이익이 된다.'라고 생각했기에 모두가 협업을 했습니다. 그런데 협업이 끝난 후 자신의 몫이 떨어지니 모두가 한목 소리로 이렇게 말합니다.

"내가 손해를 보고 있어!"

이익을 본 것이 아니라 반대로 손해를 보았다고 말합니다. 자신의 기대치만 큼 받지 못했기 때문입니다. 분명 모두에게 이익이 된 일임이 분명합니다. 그 런데도 사람들은 결과물이 성에 차지 않으니 자신은 이익을 얻지 못했다고, 억울하다고 말합니다. 당신이 이 조직의 리더라면 어떻게 문제를 해결하겠습 니까? 그렇게 결정한 이유는 무엇입니까?

13. 혼자서는 빨리 가지만 여럿이 모이면 멀리 간다?

~~~~~~

어느 겨울날, 한 노신사가 닭의 배를 가릅니다. 그 속에 차가운 눈을 채워 넣습니다. 고기를 부패시키지 않고 보존하는 데 눈이 얼마나 도움이 되는지 알고 싶어서입니다. 과연, 어떻게 됐을까요?

안타깝게도 결과는 아무도 알지 못하게 됐습니다. 그 추운 날, 부패 과정을 지켜보던 노신사가 그만 독감에 걸려 죽기 때문입니다.

황당한 이야기라고 생각하나요? 실재입니다. 사실 이 노신사는 영국 경험론의 철학을 세운 프랜시스 베이컨입니다. "아는 것이 힘이다."라는 유명한 말을 남긴 그는 마지막 순간까지 경험과 관찰을 통해 지식을 알아내려 한 것이지요.

경험주의
철학의 시작

베이컨은 왕의 국새(國璽)를 담당하는 관리이자 대법관인 니콜라스 베이컨의 아들로 태어납니다. 출세에 대한 의지가 강해 그 역시 아버지와 마찬가지로 국새관이자 대법관을 지냅니다.

그런데 어느 날, 베이컨을 정부에 천거한 후원자가 역적모의 혐의를 받습니다. 아이러니하게도 베이컨이 사건 조사를 맡는데요. 그는 맡은 바 소임을 다해 유죄를 끌어냈으나 결과는 엉뚱한 방향으로 흘러갑니다.

"유죄라니, 베이컨 자신이 살아남으려고 한 일이잖아."

사람들은 수군거립니다. 베이컨을 배신자라고 욕합니다. 심지어 베이컨은 뇌물을 받은 혐의로 런던탑에 있는 감옥에 갇히기까지 합니다. 사흘 만에 풀려나지만 이미 정치적 생명은 끝났고, 결국 공직에서 물러납니다. 그 후 그는 학문에 정진해 경험주의 철학의 창시자가 된 것이지요.

베이컨은 중세를 풍미한 스콜라 철학을 비판하고 경험론

의 입장에서 우주의 원인과 작동 방식을 이해하려 합니다. 그러기 위해서는 경험론에 의한 과학적 방법론을 정립해야 한다고 생각했지요. 베이컨은 인간적으로는 아리스토텔레스를 존경했지만, 삼단논법과 같은 연역법의 문제점은 통렬하게 지적했는데요. 다음은 가장 기본적인 연역적 삼단논법입니다.

모든 사람은 죽는다. (대전제)

소크라테스는 사람이다. (소전제)

소크라테스는 죽는다. (결론)

베이컨은 연역법의 문제는 대전제에 있다고 말합니다. 대전제가 참이면 전혀 문제가 없습니다. 그러나 대전제가 거짓이면 소전제와 결론이 참이든 아니든 그 논리는 처음부터 성립하지 않는 셈입니다. 베이컨은 이 점을 지적합니다. 그러므로 연역법에 의한 지식은 한계가 있으며, 때로 궤변에 지나지 않는다고 주장합니다.

내일 태양이 뜨지 않을
확률은 얼마일까

베이컨은 경험에 기초한 앎만이 진정한 지식이라 생각합니다. 인간은 아는 만큼 볼 수밖에 없지요. 따라서 많은 것을 보기 위해서는 많이 알아야 합니다. 많이 보고 많이 알게 되는 순환을 통해 지식은 급속히 확장됩니다. 영국에서 산업혁명이 일어난 것은 경험, 관찰, 실험을 중시하는 과학적 태도에 힘입은 바 큽니다. 과학은 인류의 생산성을 하루아침에 열 배 이상 올려놓았고, 이는 분명 경험주의적 태도에 따른 것입니다.

연역법에 문제가 있다고 지적한 베이컨은 관찰에 의해 결론 내리는 귀납법을 주장합니다. 지구가 탄생한 이래 태양은 한 번도 거르지 않고 동쪽에서 떠서 서쪽으로 집니다. 그래서 우리는 내일 아침에도 태양은 뜰 것이라고 생각합니다. 내일 아침 태양이 뜨지 않을 거란 주장에 내기를 걸 사람은 없습니다. '내일 태양이 뜰 것이다.'란 명제는 관찰을 통해 얻은 진리입니다. 즉, 귀납적 진리지요. 지금껏 매일 아침 동쪽에서 해가 뜨는 것을 보았기 때문에 내일 아침에도 해가 뜰 것이라는 결론을 내린 겁니다.

그런데 엄밀히 말하면 베이컨이 추구하는 귀납법은 오류가 없는 진리 추구의 방법은 아닙니다. 우주가 팽창을 멈추고 수축하게 되면 태양이 뜨지 않는 날이 올 수도 있습니다. 우주 천문학자들은 여전히 우주가 팽창하고 있다고 말하지만, 어느 날 갑자기 수축하게 될지도 모를 일입니다. 우주에 대한 방대한 지식 중 우리가 파악한 것은 겨우 4퍼센트에 불과하니까요. 아는 것보다 모르는 게 더 많다는 얘기입니다.

·

꿀벌이
경험론자인 이유

베이컨은 '인간은 모든 지식을 갖고 태어난다.'는 합리론을 비판합니다. '지식은 경험을 통해 축적된다.'는 경험론을 옹호합니다. 그는 거미, 개미, 꿀벌이라는 재미있는 비유를 들어 자신의 견해를 펼치는데요.

거미는 뱃속에서 실을 짜내어 집을 짓고 먹이가 걸려들기를 기다립니다. 개미는 밖에 있는 먹이를 부지런히 모아다가 달리 가공하지 않고 그대로 먹습니다. 반면에 꿀벌은 바깥에 있는 재료를 가져다가 뱃속에서 가공해서 꿀이라는 새로운 것을 만듭니다.

이를 인간에 빗대어보면 어떨까요? 거미는 합리론자이고, 개미는 단순한 수준의 경험론자겠지요. 그리고 꿀벌은 진정한 경험론자입니다. 경험과 관찰을 소화해서 새로운 지식을 만들어내니까요. 베이컨이 추구하는 과학적 지식은 바로 꿀벌이 만들어내는 꿀과 같은 것입니다.

그런데 더 재미있는 사실이 있습니다. 꿀벌의 행태입니다. 꿀이 가득한 꽃을 발견해도 절대 혼자 꿀을 먹지 않습니다. 꿀을 발견하면 일단 집으로 돌아와 동료들에게 춤을 추어 사실을 알리는데요. 꿀벌은 곤충인데도 페로몬이 아니라 행동으로 소통하는 법을 아는 것이지요. 꿀이 있는 방향, 거리, 양을 춤과 날갯짓으로 공유하면 동료들은 모두 함께 날아가 꿀을 채취해서 집으로 돌아옵니다. 그리고 벌집에 쟁여놓고 꿀을 만들어내는 것이지요.

꿀벌은 꿀을 만들어내는 과정뿐만 아니라, 방어와 공격을 할 때도 소통을 통해 협동을 합니다. 덩치가 대여섯 배 큰 말벌은 꿀벌의 집을 습격해 꿀과 애벌레를 먹어치웁니다. 꿀벌도 당하고 있지만은 않습니다. 꿀벌은 말벌을 빙 둘러 포위하고는 날갯짓으로 온도를 급상승시킵니다. 말벌은 열에 약해서 45도가 넘으면 죽기 때문입니다. 이처럼 꿀벌은 협동 작전을 펼쳐 말벌을 죽이고 난 뒤, 다시 날갯짓을 해서 온도를 낮춥니다. 48도가 넘으면 꿀벌도 죽기 때문입니다. 놀랍지 않나요?

●

경험과 지식을
나눈다는 것

꿀벌은 참 재미있습니다. 경험과 관찰을 통해 새로운 지식을 만들어낼 뿐 아니라 이것을 소통을 통해 동료들과 나눔으로써 그 지식을 공동의 것으로 배가시킵니다. 일종의 그룹지니어스인 셈이지요.

꿀벌의 모습이 우리와 많이 닮았습니다. 기업을 운영할 때도, 실무를 맡아할 때도 현장에서 뜻하지 않은 답을 찾게 되지 않나요? 계획과 이론에서는 절대 얻지 못하는 새로운 지식과 경험치 말입니다. 흔히들 "현장에 답이 있다."는 말로 표현하기도 하지요.

현장에서 길어 올린 경험론적 지식을

여러분은 어떻게 나누고 있나요?

아니, 나누고 있긴 한가요?

　리더라면 이를 간과해선 안 됩니다. 꿀벌 이야기에서 확인했듯 개인의 경험을 공동의 것으로 배가시켰을 때의 결과는 엄청나기 때문입니다. 혼자서는 당장 빨리 갈 수 있을지 몰라도 멀리 가기는 힘듭니다. 한정된 개인의 경험론적 지식에 갇혀 있기 때문입니다. 하지만 함께 나누고 나눌 경우 지식의 양은 늘어나고 질은 높아집니다. 더 멀리 갈 수 있는 이유가 여기에 있습니다. 리더인 당신은 지금까지 어떻게 해오고 있었나요? 그저 팔짱만 끼고 지켜만 보고 있었던 건 아닌가요?

　"왜 그걸 혼자만 알고 있었어!"

　뒤늦게 소식을 듣고는 개인 탓으로 돌린 적은 없나요? '팀원 개인 개인이 알아서 하겠지.' 안일하게 팔짱만 끼고 있어서는 안 됩니다. 그리고 개인은 혼자 그렇게 할 수도 없습니다. 소통에 있어 한계가 분명하니까요. 리더가 나서야 합니다. 팀 전체의 소통과 협력을 끌어낼 수 있는 건 리더인 당신밖에 없기 때문입니다.

"이 프로젝트는 안 된다고 했잖아요. 비슷한 걸 전에 해봤다고요. 근데 실패 했다니까요."

새로 입사한 사원 A가 야심차게 준비한 신규 프로젝트 기획안이 무참히 버려 지는 순간입니다. A는 지난 직장에서 유사한 안건으로 혁혁한 성과를 낸 경 험이 있습니다. 그래서 그 경험의 결과를 더 업그레이드해서 시장에서 더 큰 매출을 낼 수 있는 안을 준비해왔습니다.

그런데 지금의 회사에서는 예전에 유사한 프로젝트를 시도해 실패한 경험이 있다는 이유로 A의 신규 기획안이 통과되지 않습니다. 사실 그때 회사 경영 에 위기가 올 만큼 큰 실패를 맛본 탓입니다.

A의 경험적 지식과 회사의 경험적 지식이 다른 상황입니다. 만약 당신에게 이 신규 기획안을 통과시킬 만한 권한이 있다면 어떻게 하시겠습니까? 그리 고 그렇게 결정한 이유는 무엇입니까?

14. 쓰나미 희생자는 왜 100배로 늘어났는가?

~~~~~~

난센스 퀴즈를 내보겠습니다. 쥐 중에서 가장 잡기 힘든 쥐는 무엇일까요? 학생들에게 물으면 기름독에 빠진 생쥐부터 피카츄에 이르기까지 별의별 답이 다 나옵니다. 정답은 바로 '시너~쥐(synergy, 외래어표기법상으로는 시너지)'입니다. 얼마나 시너지를 내기가 어려우면 이런 농담까지 생겼을까요?

그렇다면 쥐 중에서 가장 잡기 쉬운 쥐는 무엇일까요? '독 안에 든 쥐'겠지요. 그렇다면 그 쥐는 어쩌다가 독 안에 들어가게 되었을까요?

여기 쌀로 가득한 독이 있습니다. 쥐는 쌀을 독차지할 욕심에 동료 쥐에게 알리지 않고 위에서부터 혼자 쌀을 먹어 들어가기 시작합니다. 얼마나 지났을까요? 문득 정신을 차리고는 위를 올려다보니 쥐는 독 입구에서 한참이나 아래로 내려

온 뒤입니다. 이렇게 해서 그 쥐는 말 그대로 독 안에 갇힌 쥐가 된 겁니다.

생각해봅시다. 독 안에 빠지지 않고 쌀을 먹는 방법은 없었을까요? 만약 그 쥐가 친구에게 밧줄을 잡아달라고 했다면 어땠을까요? 그래서 친구와 쌀을 나눠 먹었다면요? 그랬다면 그 쥐는 사람에게 잡혀 죽지 않았을 겁니다. 생각이란 걸 조금이라도 한다면 벌어지지 않을 일 같은데 말이지요. 그런데 이런 일이 우리 현실에서도 심심찮게 일어납니다.

●

같은 강물에 발을
두 번 담글 수는 없다

외부 환경은 시시각각 변합니다. 그럼에도 관습에 젖어 우물 안 개구리로 전락한 기업이 많습니다. 그래서 나온 것이 변화 경영이지요. "구태를 벗고 새롭게 혁신하자.", "변화하는 사회 흐름에 맞춰 체질을 개선하자." 등의 구호는 기업들의 화두이기도 합니다.

그런데 이런 변화 경영의 원조 격인 사람이 있습니다. 누구일까요? 저는 고대 그리스의 철학자 헤라클레이토스라고 생각합니다.

"세상에 변하지 않는 것은 없다."

헤라클레이토스가 한 말입니다. 그의 말처럼 영원히 정지한 상태로 존재하는 것은 없습니다. 모든 현상은 잠시도 가만히 있지 않습니다. 무생물인 바위조차도 바람에 깎이고 물에 휩쓸려 자리를 옮깁니다. 그래서 다음과 같은 결론에 이릅니다. 변화를 거부한다는 것은 결국 불가능에 저항하는 부질없는 짓이라고 말입니다. 이런 변화에 대해 헤라클레이토스가 남긴 유명한 말이 있습니다.

"같은 강물에 발을 두 번 담글 수는 없다."

발에 닿은 물은 곧 흘러갑니다. 그 물을 다시 만날 방법이 없지요. 애당초 어떤 물이 내 발에 닿았는지도 알 수 없습니다.

세상은 빠르게 변해갑니다. 심지어 변화하는 속도마저도 변합니다. 변화는 빠르게도 느리게도 흘러갑니다. 그런 이유로 변화를 부정하는 사람은 살아남을 수 없습니다. 이런 생각을 바탕으로 헤라클레이토스는 "만물의 근원은 불이다."라고 주장합니다. 왜일까요? 불은 한순간도 고정된 형태로 존재하지 않으며, 끊임없이 타오르며 꺼지기를 반복하기 때문입니다. 그래서 매 순간 순간 자신을 변화시키는 불이야말로 세상의 근원적 모습을 지니고 있다고 믿었습니다. 이런 불과 마찬가지로, 에너지가 있고 생명이 있는 모든 존재는 끊임없이 변화합니다.

헤라클레이토스는 변화에 대해 숙고한 끝에 이렇게 이야기합니다.

"이 세상에서 변하지 않는 유일한 것은 모든 것이 끊임없이 변한다는 사실뿐이다."

즉, 변한다는 사실은 변하지 않는 진리입니다. 그런데 이렇게 끝나면 철학이 아니겠지요. 헤라클레이토스는 한 번 더 묻습니다.

"모든 것이 변한다면 변한다는 진리가 변할 수도 있지 않은가?"

그렇게 되면 세상에 더 이상 변하지 않는 것이 존재하게 됩니다. 변한다는 진리마저 변하기 때문에 역설적으로 불변하는 진리를 찾아낼 수도 있다는 말이지요.

헤라클레이토스는 이렇게 불변하는 진리를 찾길 원했습니다. 그래서 등장하는 것이 '로고스', 즉 이성입니다. 감각적으로 파악하는 것은 모두 변하지만, 이성은 불변하는 것을 생각할 수 있기 때문입니다.

헤라클레이토스는 이처럼 변하는 환경에서 변하지 않는 가치를 발견하려 했습니다. 그런데 그의 이런 바람은 단지 철학적 차원에 그치지 않을지도 모릅니다. 철학을 넘어 우리의 눈앞에 묵직한 돌덩이를 던집니다.

그토록 추구하는 변화 경영이란 무엇일까요?
변화와 혁신은 어디서부터 어디까지를
말하는 것일까요?
변하는 환경에서 변하지 않는 가치를 찾는 것,
어쩌면 이것이야말로
변화 경영의 진정한 의미가 아닐까요?

그 정부는
무엇을 잘못했을까

쓰나미가 자주 덮치는 어떤 나라가 있습니다. 쓰나미가 한 번 올 때마다 무려 5천 명이 목숨을 잃었습니다. 정부 관계자들이 머리를 맞대고 회의를 합니다. 국내외 전 분야 전문가들이 지혜를 짜내어 인공 구조물을 해변에 설치합니다. 그러고 나서 어느 날, 또다시 쓰나미가 닥칩니다. 과연 몇 명의 사상자가 생겼을까요? 놀랍게도 50만 명의 사상자가 발생합니다. 희생자 수가 100배 늘어난 겁니다. 이게 도대체, 어떻게 된 일일까요?

정부 당국은 인공 구조물을 설치하고 나서 쓰나미로부터 안전해졌다고 대대적으로 홍보를 했습니다. 그러자 엄청나게 많은 사람들이 정부의 말을 믿고는 해변 가까이에 몰려와 살기 시작합니다. 이 때문에 사상자 수가 그토록 늘어난 것입니다. 인공 구조물로 어느 정도 상황은 개선됐지만, 쓰나미를 막을 만큼은 아니었던 겁니다. 이것은 명백하게 방심이 불러온 인재입니다. 게다가 근원적 문제인 쓰나미는 사라지지 않았습니다.

여러분은 어떤 생각이 드나요?
이 정부가 저지른 잘못은 무엇일까요?

변하는 환경에서 변하지 않는 리스크를 발견하지 못한 것이 문제입니다. 이 때문에 어마어마한 희생이 생긴 겁니다. 이 것이 바로 리더가 스마트해야 하는 이유입니다. 리더에게는 눈앞에 닥친 문제나 일차원적 변화뿐 아니라, 이면에 있는 중요한 법칙, 즉 변하지 않는 진리까지 깨달아야 합니다. 그러지 못할 경우 일어나는 결과, 벌어질 참사는 그 규모조차 가늠하기 힘듭니다.

최근 몇 년간 많은 글로벌 기업들이 중국 현지 공장을 철수시켰습니다. 뜻대로 철수라도 하면 다행입니다. 이런저런 제약에 묶여 폐업 상태의 공장을 접지도 못한 채 돈만 날리는 일도 있습니다.

그토록 저렴하던 임대료와 인건비는 감당할 수 없을 정도로 뛰었습니다. 해외기업을 향한 중국 정부의 러브콜은 냉대로 바뀌었습니다. 그런 말이 있지요.

"중국 시장은 아무도 모른다."

그만큼 중국의 상황과 중국 정부의 정책은 변화무쌍합니다. 이토록 큰 리스크가 있음을 기업의 리더는 정말 몰랐을까요? 중국 정부의 정책이 자국의 이익과 필요에 따라 언제든 바뀐다는 사실은 이미 알지 않았나요?

중국 현지 진출을 비난하거나 비판하는 게 아닙니다. 그

런 거대한 진실이 뒤에 있음을 제대로 인지하고 리스크 관리
책을 세운 뒤에 뛰어들었는가, 그것을 묻고 싶은 겁니다.

리더의 결정 하나가 낳는 결과를 앞에서 보았지요? 당신
이 권력자라면, 당신이 결정권자라면 눈앞에 보이는 변화뿐
아니라 이면에 숨은 진리, 거대한 리스크에서 눈을 돌려선 안
됩니다. 쓰나미로 50만 명의 사상자를 낳은 정부의 이야기는
남의 이야기가 아닙니다.

눈에 보이지 않는 리스크를 알면서도 앞으로 나아가야 하는 경우도 있습니다. 그래서 리더는 종종 딜레마에 빠지곤 하지요.

중국 내수시장의 잠재력은 어마어마합니다. 이를 모르는 사람은 없지요. 드라마, 아이돌, 배우 등의 한류 붐을 타고 이제는 국내 소비재 인기까지 하늘을 치솟습니다. 사업가라면 이 엄청난 시장을 놓칠 수가 없습니다. 한류 연예인을 모델로 세워 중국 시장에서 광고를 합니다. 중국 현지에 자사 브랜드의 거대 쇼핑몰을 올립니다.

물론 마음에 걸리는 게 없는 건 아닙니다. 중국 기업조차도 정부 정책에 따라 하루아침에 1등 기업에서 쫓겨나 몰락하는 게 현실입니다. 이 사실을 우리 모두는 분명하게 알고 있습니다. 그럼에도 눈앞에 펼쳐지는 거대한 변화, 엄청난 시장을 다른 기업에 뺏길 수는 없습니다.

눈에 보이지 않는 거대한 리스크 vs 눈앞에 당장 보이는 기회. 이 두 가지를 모두 인지한 당신. 당신이 기업의 경영자라면 어떤 결정을 내리겠습니까? 그렇게 결정한 이유는 무엇입니까?

15. 자신의 무지를 인정하고도 리더십을 발휘할 수 있을까?

● **소크라테스**
솔직함과
리더십의 딜레마

소크라테스의 이름을 모르는 사람은 없지요. 고대 그리스의 철학자로 플라톤의 스승입니다. 플라톤은 서양철학 2천 년 역사를 문화적·사상적으로 지배한 아리스토텔레스의 스승이었고요. 소크라테스는 직접 글을 써서 남기지 않았지만, 그의 사상은 제자 플라톤과 아리스토텔레스의 저작에 나타납니다.

소크라테스의 아버지는 석공이었고, 어머니는 애를 받아주는 산파였습니다. 귀족과 평민으로 계급이 나뉘고 노예가 있던 시대에 평범한 서민 가정에서 태어나 평생 가난하게 삽니다. 그러나 스스로 아테네에서 가장 현명한 사람이라고 자부했습니다.

어째서일까요? 왜 그가 가장 현명한 사람인 걸까요? 그 이유는, 스스로 아무것도 모른다는 사실을 알았기 때문입니다. "너 자신을 알라."는 유명한 경구는 소크라테스가 한 말로 유명하지만, 사실 델포이 신전 벽에 새겨진 문구입니다.

이 이야기에는 숨겨진 일화가 있습니다. 플라톤의 『소크라테스의 변론』에 따르면 소크라테스의 추종자이자 동료인 카이레폰이 델포이의 신전에 찾아가 이렇게 물었다고 합니다.

"신이시여, 소크라테스보다 더 현명한 사람이 있습니까?"

신탁의 답은 이랬습니다.

"없다."

소크라테스는 그 신탁을 이해할 수가 없었습니다. 자신이 현명하다고 생각한 적이 한 번도 없기 때문입니다.

그래서 소크라테스는 자신보다 지혜롭다고 생각하는 사람을 찾아가 자신이 현명한지 알아보기로 합니다. 그리고 직접 대화를 나눈 결과, 지혜롭다고 알려진 그들이 사실은 현명하지 않음을 알게 됩니다. 소크라테스는 무릎을 칩니다. 자신은 적어도 모른다는 사실은 알지만, 그들은 그것조차 몰랐던 것이지요.

그런데 예상치 못한 문제가 일어납니다. 소크라테스가 이렇게 묻고 돌아다니다가 사람들의 원한을 샀고, 그를 추종하는 청년들이 소크라테스의 흉내를 내고 다녀 더 큰 원성을 산

것이지요. 그 결과, 신을 믿지 않고 아테네 젊은이들을 타락시켰다는 죄목으로 독배를 받습니다. 신탁의 뜻을 알아보려다가 결국 죽음에 이른 셈입니다.

•

지혜를 얻기 위한
첫 번째 질문

자신이 모른다는 것을 인정하는 일은 중요합니다. 자신이 모른다는 사실을 모르는 사람은 배우려 하지 않기에 발전할 수 없지요. 자신이 모른다는 것을 아는 사람만이 배우려 합니다. 배우는 방법이요? 물어보세요. 모르는 것은 죄가 아니지만, 모르면서 알려 하지 않거나 묻지 않는 것은 문제가 됩니다. '아는 척'하는 것은 곧 거짓이기 때문입니다. 여러분은 어떤가요?

당신 자신이 모른다는 사실을 알고 있습니까?

모른다는 사실을 아는 것도 중요하지만 그다음도 중요합

니다. 질문입니다. 자신의 무지와 맞닥뜨릴 때마다 스스로에게 질문을 던지고 있느냐, 하는 겁니다.

대체로는 모르는 채 넘어가는 경우가 많을 겁니다. 왜 사람들은 모르면서도 질문하지 않을까요? 이유는 단순합니다. 질문한다는 것은 자신이 모른다는 사실을 공개적으로 드러내는 일이기 때문입니다. 지혜를 얻기 위해서는 용기가 필요하다 말하는 이유가 여기 있습니다.

소크라테스는 자신이 모른다는 사실을 숨기지 않았습니다. 나아가 스스로 많이 안다고 자부하는 당대의 소피스트, 즉 궤변가들을 찾아다녔습니다. 그리고 질문과 대답을 통해 그들의 무식함을 드러냈습니다. 소크라테스가 묻습니다.

"정의란 무엇인가요?"

"정의는 자신이 빌린 것을 돌려주는 것이오."

"당신이 칼을 빌렸습니다. 그런데 칼의 주인이 미쳤습니다. 그리고 당신에게 칼을 돌려달라고 합니다. 정의가 빌린 것을 돌려주는 것이라면, 미친 사람에게 칼을 돌려주어야 할까요?"

"……"

당신은
모르고 있다

궤변가들이 진리를 발견할 거란 희망을 갖고 그렇게 질문을 던진 건 아닙니다. 사실 소크라테스는 '당신들은 모르고 있다.'는 사실을 깨쳐주기 위해 질문을 던진 겁니다. 플라톤의 '대화편'을 보면 소피스트들이 소크라테스의 질문에 대답하다가 자기모순에 빠지는 상황이 종종 등장합니다. 그들은 거미줄에 걸린 불쌍한 파리처럼 파닥거리다가 결국 자가당착에 빠져 입을 다뭅니다.

그래서 소크라테스는 자신을 아테네라는 거대한 소의 등에 달라붙은 등에에 비유합니다. 소가 잠들지 못하도록 성가시게 구는 등에처럼 무지로 잠든 아테네를 깨우는 존재가 되고 싶단 뜻이지요. 그래서 당시 귀족들의 천박한 생각을 마구잡이로 몰아붙이고 그들과 도전적으로 논쟁합니다. 그러니 얼마나 성가신 존재였겠습니까? 사사건건 따지는 소크라테스가 집권자들에게는 얼마나 건방져 보였을까요? 결국 소크라테스는 젊은이들을 현혹하고 국가를 전복하려는 음모를 꾸

몄다는 죄목으로 재판을 받습니다. 재판장에서 소크라테스는 이렇게 소신을 밝힙니다.

"나는 여러분에게 복종하기보다 신에게 복종하겠습니다. 나의 목숨이 붙어 있는 한, 힘이 미치는 한, 지혜를 사랑하고 추구하는 일을 그만두지 않을 겁니다."

그러고서 유죄 투표를 한 사람들에게 이렇게 말합니다.

"여러분이 나를 사형에 처한다면, 그것은 오히려 여러분 자신을 해치는 일이 됩니다. 누구도 나를 해칠 수 없을 테고, 실제로 그것이 가능하지도 않습니다. 나는 악한 사람이 선한 사람을 해친다는 것이 신적인 질서와 양립한다고 절대로 믿지 않기 때문입니다."

변론이 아니라 차라리 저주처럼 들립니다. 이 말에는 이런 뜻이 포함되어 있습니다.

"배심원인 당신들은 정권의 꼭두각시가 되어 자신이 무슨 일을 저지르는지 모르고 있다."

그렇습니다. 소크라테스는 자신이 무슨 일을 저지르는지 모르는 사람들에 의해 사형에 처해진 겁니다.

나의 무지를
팀원들에게 알리지 마라?

여기서 한 번 더 중요한 질문을 던집니다.

자신이 무엇을 알고 무엇을 모르는지

알고 있습니까?

무언가를 시작할 때, 우리는 모르는 상태에서 출발합니다. 이 사실을 인정해야 합니다. 스스로 잘 안다고 생각하지만, 사실 그 지식은 극히 일부분에 불과합니다. 사업을 할 때도, 새로운 회사에 입사할 때도, 신규 프로젝트를 움직일 때도, 아이를 처음 키울 때도 마찬가지입니다. 최소한 '나는 잘 모른다.'는 것을 알고 뛰어드는 사람은 최악의 상황까지 가지는 않습니다.

물론 모른다는 것을 인정한 상태에서 무언가를 추진한다는 게 쉽지 않습니다. 불안하겠지요. 거기다 사람들을 이끌어야 하는 사람이라면 자신의 무지를 인정하고 드러내는 것이 마땅치 않을 수 있습니다. 리더십에서나 추진력에서 문제가 생길 수 있으니까요.

"모르기는 우리랑 마찬가지잖아. 그런데 무슨 생각으로 이걸 시작하겠다는 거지? 저렇게 몰라서야 어떻게 믿고 따르겠어."

사람들의 비난이 벌써부터 들리는 듯합니다. 어떤가요? 당신이 중요한 결정을 내려야 하는 자리에 있다면, 그럼에도 불구하고 자신의 무지를 인정하고 받아들일 준비가 되어 있습니까?

리더는 결국에는 일의 결과에 대해 책임을 지는 자리입니다. 그렇다면 그 결과에 최선을 다하기 위해 모른다는 사실을 인정하고 시작해야 합니다. 이렇게 물으세요.

"나는 항상 옳은가?"

"나는 무엇을 알고, 무엇을 모르는가?"

정답은 없습니다. 스스로 끝없이 묻고 답을 찾아가는 사람, 그것이 리더입니다.

딜레마가
있는
질문

아돌프 아이히만은 2차 세계대전 당시 가스실을 만들어 유대인을 죽음으로 몰아넣은 장본인입니다. 아르헨티나로 도망가 15년간 숨어 살다 붙잡혀 '나치와 그 부역자 처벌법' 위반으로 사형판결을 받습니다. 그런데 교수대에 오른 그는 자신은 살인죄를 저지른 적이 없다고 항변합니다. 주어진 직분에 충실했을 뿐이며, 명령받은 대로 했을 뿐이란 이야기지요.

조직에 소속돼 일하다 보면 스스로 생각하는 법을 잃곤 합니다. 조직이 요구하는 것을 따르는 데 익숙해져 질문하고, 배우고, 고민하는 과정을 생략합니다. 자신의 선택이, 결정이, 어떤 의미인지, 어떤 결과를 낳을지 '모르는' 상태에서 우리는 행동하길 강요받습니다. 모르는 상태에서 한 일은 죄가 되지 않을까요? 그 결과에 책임이 없을까요?

팀 내 직속상사가 팀원들의 개인정보를 빼내라는 명령을 내립니다. 조직 융화와 단합에 필요하다는 이유입니다. 당신의 윤리에 어긋나는 이 같은 명령에 따르겠습니까? 당신은 어떤 결정을 내리겠습니까? 그렇게 결정한 이유는 무엇입니까?

16. 혹시 당신의 팀원과 경쟁하고 있지 않습니까?

● 아리스토텔레스
끝없이 벽돌을
나르는 사람

〰〰〰〰〰〰〰〰〰〰〰〰〰〰〰

옛날 옛적에 임금님 한 분이 있었습니다. 어느 날 민정을 돌아보기 위해 장터에 나가니 한 노인이 좌판을 열고 앵무새 세 마리를 팔고 있습니다. 임금님은 제일 왼쪽에 있는 씩씩하게 생긴 앵무새를 가리키며 묻습니다.

"이놈은 얼마요?"

"그놈은 두 냥이옵니다."

"왜 두 냥이오?"

"예, 2개 국어를 하옵니다."

이번에는 가운데에 있는, 눈이 예쁘장하고 깃털이 고운 앵무새를 가리키며 묻습니다.

"그럼 이놈은 얼마요?"

"예, 그놈은 네 냥입니다."

"왜 네 냥이나 하오?"

"예, 그놈은 4개 국어를 하옵니다."

이번에는 제일 오른쪽에 있는 늙은 앵무새를 가리킵니다.

"이놈은 얼마인가?"

"예, 그놈은 여덟 냥이옵니다."

"아니, 나이 들고 가장 못생겼는데 왜 가장 비싼 것이오?"

노인은 그 이유를 설명합니다.

"첫 번째 앵무새와 두 번째 앵무새는 제가 하는 말은 듣지 않아도, 세 번째 앵무새가 하는 말은 잘 따릅니다. 세 번째 앵무새가 두 마리에게 외국어를 가르쳤기 때문입니다. 세 번째 앵무새가 바로 어미 새입니다."

그렇습니다. 세 번째 앵무새는 늙고 볼품은 없지만 가장 지혜로운 새였던 겁니다. 그들의 리더였던 것이지요.

•

끝없이 벽돌을
나르는 사람

여기서 말하는 리더의 역할은 무엇일까요? 아랫사람의 성장을 이끄는 일입니다. 진정한 멘토가 되어야 가능한 일이지요. 멘토는 상대를 이끌고, 거기에서 나아가 배움을 나누며 함께 성장하는 사람입니다. 여기서 아리스토텔레스가 남긴 유명한 말을 생각합니다.

"모든 사람은 나면서부터 알기를 원한다."

아리스토텔레스가 『형이상학』 1권 1장 첫머리에 쓴 문구입니다. 아리스토텔레스는 왜 인간은 알고 싶어하는 본성을 가졌다고 말했을까요? 어떻게 그 사실을 알 수 있을까요?

인간이 다양한 감각에서 오는 즐거움을 느끼는 것을 보면, "모든 사람은 나면서부터 알기를 원한다."는 말은 타당성이 있어 보입니다. 사실 이 말이 지닌 힘은 엄청나지요. 인간이 배우기를 원하는 이유는 교육을 통해 자신의 잠재력을 실현시키고 싶어하기 때문입니다. 교육은 사람을 끝없이 발전하고 성장하게 합니다.

배운다는 것은 '세상을 새로운 방식으로 볼 줄 아는 눈'을 가지는 일입니다. 그래서 배우고 나면 세상이 새로워 보입니다. 이는 옛 어른들께서 "죽을 때까지 배워도 다 못 배운다." 라고 말씀하신 바의 핵심이기도 합니다. 단순한 작업을 완수하면 사람들은 더 어려운 작업을 성취하려는 욕구가 생깁니다. 그리고 그 작업에 의미를 부여하려는 것이 인간의 본성입니다.

감옥에서 죄수에게 가하는 형벌 중 가장 고통스러운 게 무엇일까요? 육체적 고문은 법적으로 금지된 만큼 제외합니다. 그것을 제하고 단연 최고의 형벌은 끝없는 단순노동입니다. 벽돌 100개를 한쪽에 쌓아놓고 반대편으로 옮기게 합니다. 모두 옮기고 나면, 다시 벽돌을 원위치로 돌려놓게 합니다. 이 일을 끝없이 반복하는 거지요.

조금이라도 빨리 옮겨 기록을 갱신하려는 것도 금합니다. 새로운 모양으로 쌓지도 못하게 합니다. 같은 동선, 패턴, 동작이 반복되면 사람들은 그 일을 죽기보다 하기 싫어한다고 합니다. 아무런 의미를 찾을 수도 없고, 새롭게 일을 배울 수도 없기 때문입니다. 어떤가요?

혹시 당신도 직장에서 매일매일
똑같이 벽돌을 나르고 있는 건 아닌가요?

일을 시키는 리더,
일을 독점하는 리더

사람은 더 알기를 원합니다. 배움과 성장이 없는 일만 반복하면 분명 한계가 옵니다. 그래서 아랫사람을 성장하게끔 도와주는 리더가 최고로 꼽히는 것이지요.

아랫사람을 키우는 방법에는 크게 두 가지가 있습니다. 하나는 큰일을 할 기회를 주는 겁니다. 한층 어려운 과제를 주고, 그 작업에 의미를 부여합니다. 버거운 과제를 수행하는 과정을 통해 깨닫고, 배우고, 성장하게 만듭니다. 자기계발을 하는 가장 좋은 방법은 현재 하는 일을 더 잘 해내고, 현재 수준보다 한층 높은 수준의 일을 하는 것이기 때문입니다. 또 다른 하나는 교육의 기회를 제공하는 겁니다. 교육을 통해 한층 더 자신을 계발하게 되지요.

이렇게 보자면 회사에서 최악의 리더는 팀원과 경쟁하는 사람입니다. 특히나 모든 일을 혼자 도맡아 하는 상사들이 있습니다. 일 욕심이 많아서이기도 하지만, 팀원을 믿지 못하기 때문인 경우가 많습니다. 이런 리더는 함량 미달입니다.

아랫사람을 성장시키려면 큰일을 맡겨야 합니다. 사람은 자기 한계를 넘어서는 일을 하며 넘어지기도 하고, 또 실수를 딛고 일어서면서 성장합니다. 그런데 리더가 일을 독식하면 아랫사람은 역량을 발휘할 기회조차 얻지 못합니다. 당연히 성장의 가능성도 빼앗기는 셈이지요.

권력, 명예, 부, 모든 것을 한손에 넣은 사람이 있었습니다. 그런데 막상 모든 것을 소유하고 나자, 갑자기 세상 사는 일이 허무하게 느껴집니다. 그래서 그는 도사를 찾아가 이렇게 묻습니다.

"도사님, 인생의 목적이 무엇입니까?"

도사는 딱 한마디를 던집니다.

"사람은 한평생 배우러 왔다 가는 겁니다."

그렇습니다. 인생의 목적이 배움 자체에 있다는 것을 아는 사람은 세상 사는 것이 허무하거나 지루할 틈이 없습니다.

한 번 더 아리스토텔레스의 『형이상학』 1권 1장의 첫머리를 떠올립니다.

"모든 사람은 나면서부터 알기를 원한다."

여기서 앎이란 단순한 지식과 교양의 섭취가 아닙니다. 당신과 당신 사람들의 삶을 바꾸는, 성장을 위한 앎입니다.

팀장 A가 하소연을 해옵니다. 사연은 이랬습니다. 주위 사람들의 우려에도 불구하고 과감히 대형 프로젝트의 리더에 아끼는 부하 직원을 앉혔다고 합니다. 아랫사람을 성장시키는 가장 확실한 방법은 큰일을 맡기는 것이라 믿었기 때문입니다.

그런데 중요한 프로젝트인 만큼 난항에 난항을 거듭합니다. 그러다 일에 버거움을 느낀 부하직원은 끝내 문제를 해결하지 못했고, 끝내는 팀장 A를 비난하기에 이릅니다. "이렇게 힘들고 어려운 일을 자신에게 떠맡겼다."고 말입니다. 쉬운 일을 맡기면 승진에 도움 되지 않는 일만 맡긴다고 불만을 표하더니 이제는 어려운 일을 자신에게 떠맡겼다며 화를 냅니다.

당신이라면 부하 직원에게 이 같은 대형 프로젝트를 맡기겠습니까? 그렇게 결정한 이유는 무엇입니까? 한편 팀장 A에게는 아무 문제가 없었을까요? 문제가 있다면 무엇입니까? 당신이라면 어떻게 했을까요?

17. 무언가를 바꾸고 싶다면 무엇부터 바꿔야 하는가?

● 버클리
외부 고객과 내부 고객

두 사람이 길을 걷고 있습니다. 그러다 한 명이 돌부리를 차고 맙니다. 채인 돌은 멀리 날아가버립니다.

"아이고, 발가락이야!"

돌을 찬 사람이 비명을 지릅니다. 그러자 옆에 있던 친구가 이렇게 말합니다.

"자네를 아프게 만든 것은 돌이 아니라 돌에 부딪쳐서 느끼는 고통일세. 돌이 실제로 있는지 없는지 알 수 있는 객관적 방법은 없으니까 말이야."

아마도 이 친구는 극단적 경험론자인 것 같습니다.

에세 에스트 페르키피

이런 주장을 내세운 사람은 아일랜드의 철학자이자 성공회의 주교인 조지 버클리입니다. 1685년 아일랜드에서 태어난 버클리는 15세에 더블린의 트리니티 칼리지에서 수학할 정도로 수재였습니다. 그의 철학사상은 20세부터 본격적으로 발전하기 시작하는데요. 그러다 43세에 인생의 큰 전환기를 맞습니다. 신대륙인 미국으로 선교 활동을 떠난 것이지요. 아메리카 원주민에게 복음을 전파하기 위해 버뮤다에 대학을 세우려는 계획이었습니다. 그러나 영국의 자금 지원이 어려워지자, 그는 자신의 책과 재산 모두를 예일 대학 도서관에 기증합니다.

그후 예일 대학 출신 몇몇은 서부 캘리포니아에 대학을 하나 설립하는데요. 바로 미국 서부의 명문대학 UC 버클리입니다. 예일 대학 출신의 초기 창립자들은 버클리의 시의 한 구절 '서쪽으로 제국이 방향을 틀도다.'를 생각해 새로운 대학 이름에 버클리의 이름을 넣었다고 합니다.

조지 버클리는 유명한 경험론자입니다. 감각을 통해 직접 얻어지는 관념만이 실재한다는 '감각적 독재론'을 내세웁니다. 그는 "에세 에스트 페르키피(esse est percipi, 존재하는 것은 지각되는 것이다)."라는 말을 남겼는데요. 말하자면, 감각적으로 지각하는 것만 존재하는 것이고 그렇지 않은 것은 존재하지 않는다는 말입니다. 참으로 극단적인 이야기이지요? 버클리에게 이런 질문을 던져봅니다.

"그렇다면 버클리 씨, 지금 눈앞에 당신의 부인이 없으니 당신 부인은 존재하지 않는다는 말인가요?"

그러자 버클리는 이렇게 답합니다.

"전능하신 하나님께서 제 부인을 지각하고 계시니 존재하는 것입니다."

그의 대답은 놀랍습니다. 감각적으로 지각하는 것만 존재한다는 극단적 경험론을 주장하는 사람이 신의 존재를 바탕으로 주장을 펴다니, 참 아이러니합니다. 버클리는 결정적인 순간에 불완전함을 보완해주는 것이 신이라고 보았습니다. 그래서 이렇게 말합니다.

"물질은 실제 존재하는 것이 아니라, 우리의 관념에 의해 만들어진 것에 불과하다. 더 정확하게 말하면 신이라는 관념이 만들어낸 관념 안에서만 물질은 존재 의미를 갖는다."

그렇다면 우리는 버클리의 주장을 어떻게 받아들여야 할까요? 눈에 보이는 것만 믿어야 할까요? 보이지 않는 것도 존재한다고 생각해야 할까요?

∙

진짜 마케팅은
고객의 머릿속에서 이루어진다

여기 불의의 교통사고로 두 다리를 절단한 환자가 있습니다. 수술 후 의식을 회복한 그는 이렇게 말합니다.

"오른쪽 엄지발가락이 너무 가려워요. 누가 좀 긁어줄 수 없나요?"

그 환자에게 뭐라고 하시겠습니까? 농담이나 장난이 아니라, 정말로 그는 없는 발가락에 극심한 가려움증을 느끼고 있습니다. 버클리의 시각으로 보자면, 환자에게 물질적인 형태의 발은 없지만 엄지발가락의 가려움은 분명 지각되므로 발은 실재하는 것이지요. 버클리 주장의 핵심은 눈에 보이지 않는 것이 존재하느냐 존재하지 않느냐, 그런 것이 아닙니다. 우리가 주목해야 하는 메시지는 이겁니다.

"물질은 그 자체로 존재하는 것이 아니다. 우리가 인식하는 만큼만 존재한다."

어떤가요? 신의 존재를 믿지 않더라도 이 부분은 납득이 되지 않나요? 강의에서 만나는 기업체 사장들에게 이렇게 말합니다.

"여러분은 버클리의 후예들입니다."

우리는 알게 모르게 이미 '버클리의 후예들'이라고 말입니다. 무슨 얘기일까요? 기업이라면 당연히 자사의 제품과 서비스를 광고하고 판매하고 싶어합니다. 그런데 그렇게 해서 판매한 후, 실제 제품이나 서비스가 고객의 기대치를 충족시키지 못하면 어떻게 될까요? '이 제품을 쓰면 광고에서 본 것처럼 되지 않을까?' 하는 기대가 '사용해보니 이 제품은 최악이군.'으로 바뀌겠지요. 고객의 '지각'이 바뀌는 겁니다.

이런 관점에서 보자면 마케팅 전쟁은 진열대에서 벌어지는 게 아닙니다. 고객의 머릿속에서 벌어지는 겁니다. 단순히 고객의 머릿속에 우리 브랜드, 우리 카피, 우리 제품을 기억하게 하라는 차원이 아닙니다. 더 근본적인 인식입니다. 고객이 "이 기업 제품은 별로 기대되지 않는걸?"이라고 하면 끝이란 말입니다.

'어떤 광고로 사람들의 눈을 사로잡을까?' '어떻게 해야 지갑을 열게 할 수 있을까?'도 중요합니다. 하지만 그보다는 기업과 제품에 대한 고객의 인식입니다. '고객들이 제품을 사용하면서 어떻게 생각할까?' '기업의 이미지를 어떻게 받아들일까?'가 더 중요하단 얘깁니다.

•

구성원들의 머릿속에는
무엇이 있습니까

그런데 여기서 간과해선 안 되는 것이 하나 있습니다. 외부 고객의 인식이 아닌 내부 고객의 인식입니다. 즉, 조직 구성원들 얘기지요. 어쩌면 이보다 더 중요한 건 없을지도 모릅니다.

구성원들이 무엇에 대해, 어떻게 생각하는지
알고 있습니까?

구성원들의 생각이 모여 회사의 총체적 그림을 그려냅니다. 버클리의 말처럼 '인식하는 만큼 존재'하니까요. 따라서 무언가를 바꾸거나 이루려 한다면 생각을 바꿔야 하는 것이지요.

그런데 생각이라는 것이 그냥 바뀌지 않습니다. 뭐가 필요할까요? 유수의 기업에서 직원들의 연봉, 보너스, 근무환경 등에 신경을 쓰는 것은 다 이유가 있습니다. 이 같은 물질적 요건은 직원들의 인식을 변화시키고 생각을 움직이게 합니다. 열심히 일한 만큼 대우받는다는 생각, 우리 회사는 좋은 회사라는 인식은 그 이상의 결과를 낳습니다.

"돈, 돈, 돈 하면서 일하면 일이 제대로 되겠어?"

"애사심을 좀 가져봐. 저절로 일이 될 테니."

아직도 이런 얘기를 던지는 리더가 있나요? 체면 때문에 차마 입밖으로 내뱉지 못하고, 속으로라도 이런 생각을 하고 있다면 지금부터라도 마음을 달리 가지길 바랍니다. 구성원들이 회사에 대해, 자사의 제품에 대해 가지는 인식은 어떤 식으로든 업무 성과로 연결됩니다.

"회사가 직원을 왕처럼 모시면 직원들 역시 고객에게 최상의 서비스를 제공한다."

사우스웨스트항공의 허브 켈러허가 한 말입니다. 고객들에게 웃음과 즐거움을 주는 것으로 유명한 사우스웨스트항공은 내부 직원들에게도 같은 태도를 취합니다. 허브 켈러허는 본인이 직접 토끼 분장을 하고 출근하는 직원들에게 웃음을 주기도 했습니다.

그는 직원의 권한 보호도 중요시합니다. 9·11 테러 당시 미국 항공사들은 곧바로 감량 경영에 돌입합니다. 테러 일주일 만에 유나이티드항공, 보잉사, 콘티넨탈항공 등 미국 항공사들이 해고한 근로자 수는 무려 7만 명에 이릅니다. 그러나 사우스웨스트항공은 단 한 명의 직원도 해고하지 않습니다. 심지어 10억 달러를 대출받아 직원들에게 임금을 지급했습니다. 결과는 어땠을까요? 사우스웨스트 항공은 1999년부터 매년 〈포춘〉이 선정하는 '일하고 싶은 직장' 10위 안에 들고, 세계에서 가장 존경받는 기업 2위로 선정됩니다. 또한 69분기 연속 흑자라는 놀라운 숫자를 기록하지요.

내부 고객을 귀히 여기는 태도. 이런 진화된 생각이 직원들과 공유되고, 기업 문화로 정착되고, 그렇게 해서 구성원들의 인식 또한 바뀌게 될 때 어떤 결과를 낳게 되는지, 그것을 생생하게 증명해준 사례입니다.

세상은 인식하는 만큼 존재한다. 버클리의 메시지를 다시 한 번 가슴에 새겨봄이 어떨까요.

딜레마가
있는
질문

무언가를 바꾸려면 무엇부터 바꿔야 할까요? 인식입니다. 회사든 제품이든
그에 대한 인식을 바꾸어야 현실도 바뀌는 것이니까요. 그런데 한정된 시장
에서 치열하게 싸워야 하는 리더 입장에서는 고객의 머릿속에 제품에 대한
긍정적 인식을 남기는 것이 쉽지가 않습니다.

3년간 80억 원의 개발비를 들여 야심차게 준비한 게임이 완성되었습니다.
이 프로젝트마저 실패하면 회사는 끝입니다.

그런데 게임 시장은 너무나 과열되어 있습니다. 수백 억 원을 투자하는 메이
저 회사의 물량 공세를 당해낼 수가 없습니다. 모델료만 수십 억 원에 달하는
유명 배우와 아이돌이 TV 광고를 하고, 지하철에 게임 광고가 도배되어 있습
니다. 수십 수백 개 유사 게임 가운데에서 눈에 띄어야 하니 다들 유명인의
얼굴과 자극적인 카피로 고객의 '감각'에만 호소합니다.

어떻게 해야 할까요? 우리의 강점은 제품의 퀄리티 하나입니다. 제품에 대한
고객의 긍정적인 '인식'을 확보하겠다는 전략을 내세울 수 있겠습니까? 아무
리 제품이 좋아도 수백 개 게임 중 눈에 띄지 않으면 그냥 끝나고 맙니다. 그
래도 이런 전략을 취하겠습니까? 다른 방향이 있다면 무엇일까요? 그렇게
결정한 이유는 무엇입니까?

18. 불확실성 속에서
답을 찾으려면
무조건
반대하라?

한 초보 주식 투자자의 이야기입니다. 어느 날 그는 자신이 주식을 보유한 회사에 악재가 있다는 소문을 듣습니다. 그 악재가 신문에 대서특필되면서 이것이 소문이 아니라 사실임이 밝혀지지요. 투자자는 얼른 주식을 팝니다. 그런데 그다음 날 주가는 생각만큼 떨어지지 않습니다. 심지어 그 후 조금씩 오르기까지 합니다.

그러더니 곧 세계적으로 큰 기업의 투자를 받는다는 희소식이 떠돕니다. 투자자는 곧 주식이 오를 거라 생각하고 얼른 주식을 사들입니다. 팔았을 때보다는 조금 오른 가격이지만, 투자 사실을 공시하면 더 많이 오를 거라 생각하고 조금 손해를 보기로 한 거지요. 투자자는 손해 본 것보다도 더 많은 이익을 보겠다며 좋아합니다. 그런데 웬걸요. 이번에는 주가가 다시 떨어지기 시작합니다.

왜 이런 걸까요? 모든 투자자들은 앞으로 어떤 결과가 닥칠지 알 수 없는 불확실성을 싫어합니다. 그런데 이 불확실성이 해소되고 나면 주가는 또 생각과 달리 움직이곤 합니다. 데카르트가 해결하려 한 것도 바로 이런 지식의 불확실성 문제입니다.

.

불확실성 가운데서
진리를 찾을 수 있을까

데카르트는 태어난 지 일년 만에 어머니를 여의고 외할머니와 유모의 손에 자란 탓인지 몸이 허약했습니다. 그래서 기숙사 학교를 다니면서도 아침에 늦게 일어나는 것이 허용되었다 합니다. 그 덕에 침대에 누워 사색하는 습관이 들었습니다.

대학에 가서는 여러 가지를 공부합니다. 법학, 의학을 전공하고 철학과 수학도 공부합니다. 오늘날 x축 y축 공간좌표를 발명해낸 사람도 바로 데카르트입니다.

그는 세상을 두루두루 구경하고 탐구하고 싶었지만 경제

적 여유가 없었습니다. 그래서 네덜란드의 군대에 들어갑니다. 여행하기가 쉽지 않던 당시에는 군대에 들어가는 것이 여행을 하는 가장 좋은 방법이었기 때문입니다. 월급도 받고 견문도 넓히는, 꿩 먹고 알 먹는 일인 것이지요. 그렇게 데카르트가 경험한 현실은 온통 모순과 불확실성으로 가득 차 있습니다. 그래서 그는 생각합니다. '어떻게 하면 확실한 지식을 얻을 수 있을까?'

우리는 감각을 통해 경험하고 지식을 얻습니다. 그런데 그런 지식은 확실한 것일까요? 신기루는 눈에는 보이지만 실제로 존재하지 않는 것이지요. 사막을 헤매다 더위와 갈증에 지친 나그네를 죽음으로 몰고 가는 것이 신기루입니다.

멀쩡한 젓가락을 물에 넣으면 구부러져 보이는 것도 같은 원리입니다. 꿈도 그렇지요. 꿈을 꾸는 동안에는 현실처럼 생생하게 느껴지지만, 깨고 나면 허망한 꿈임을 알게 됩니다.

그래서 회의주의자들은 "세상에 절대적인 진리는 없다."고 주장합니다. 눈으로 보고, 귀로 듣고, 머리로 떠올리는 것 모두 절대적이지 않다는 말이지요. 인간의 모든 지식은 상대적이라는 얘기입니다. 데카르트는 그래도 절대적인 지식이 있을 거라 믿고 탐구를 계속합니다. 그 결과 방법론적 회의주

의를 통해 절대적인 지식을 찾습니다. 데카르트가 말한 방법
론적 회의주의란 과연 무엇일까요?

·

나는 생각한다,
그러므로 나는 존재한다

중세 시대에는 성인으로 추대하는 심사를 할 때 추천받은 사
람이 확고한 신앙을 갖고 있음을 교회에 증명해야 했습니다.
교황청에서는 실제로 신과 악마에게 성인이 될 만한지 물어
볼 수 없으니, 신부들에게 찬반 토론을 벌이게 합니다. 찬성하
는 쪽은 신의 대변자, 반대하는 쪽은 악마의 대변자가 되어 논
쟁을 벌인 거지요.

　반대하는 사람은 악마의 역할을 충실하게 수행하기 위해
신의 존재를 부정하는 입장에 서서 가혹한 질문을 퍼부어댑
니다. 성인으로 추대하려는 찬성파는 악마의 논변을 무너뜨
려야 합니다. 악마의 대변자는 교황청에 의해 임명되므로, 자
신의 진심과 무관하게 반대 의견을 펼쳐야 했습니다.

　이렇게 선의의 비판자 역할을 하는 사람을 데블스 애드버

킷(devil's advocate), 즉 악마의 변호인이라 합니다. 요즘은 모두가 찬성할 때 일부러 반대 의견을 제시해 토론을 활성화시키고, 다른 대안을 모색하도록 하는 역할을 하는 소통 리더십을 뜻합니다.

데카르트 역시 대단한 능력을 지닌 악마를 가정합니다. 그래서 지금 감각적으로 경험하는 모든 것이 존재하지 않거나 사실이 아님에도 악마가 사실로 믿게 만들었다고 가정한 것이지요. '내가 믿고 있는 것은 악마가 나를 속인 것의 결과다.'라고 생각하고, 존재하는 모든 것을 의심해보라는 얘기입니다.

지금 앉아 있는 의자도 가짜입니다. 지금 읽고 있는 책도 가짜입니다. 이 세상은 불과 5분 전에 악마가 거짓으로 꾸며낸 것인데도 나는 악마에게 속아 수억 년 전부터 존재한다고 착각합니다.

이번에는 이성적 판단조차 악마에 의해 속는 것이라 의심합니다. 1+1은 원래 3인데 2라고 믿게 만들고 있는지 모른다는 식이지요. 이런 식으로 의심하기 시작하니 세상에 의심 가지 않는 것이 없습니다.

그런데 데카르트는 한 가지, 절대 의심할 수 없는 사실을 발견합니다. 뭘까요? 바로 '내가 현재 의심하고 있다.'는 사실입니다. 이 사실만큼은 의심할 수 없습니다. 내가 의심하고 있다는 것을 의심하면 의심하지 않는 셈입니다. 말이 되지 않지요. 그래서 의심하고 있다는 사실만큼은 절대적 진리입니다. 적어도 의심하는 동안에는 말이지요.

또한 의심한다는 것은 의심하는 내가 존재함을 전제로 합니다. 따라서 의심하는 내가 존재한다는 사실은 절대적 진리입니다. 의심하는 것은 생각하는 활동입니다. 여기에서 인류 역사에 커다란 영향을 미친 유명한 말이 등장합니다. 바로 "코기토 에르고 숨(Cogito, ergo sum, 나는 생각한다, 그러므로 나는 존재한다)."입니다.

이는 데카르트가 의심에 의심을 거듭하고 끝없이 회의한 결과 도달한 철학의 출발점이자 제1원리입니다. 간단해 보이는 이 문장에서 데카르트의 천재성이 드러납니다. 악마가 의심하게 만든 모든 것을 의심해 스스로를 궁지에 몰아넣은 끝에 결국 반전을 이뤄냈으니까요. 유도 선수가 상대방이 공격하는 힘을 역이용해 한판승을 낚아채듯 말이지요.

비즈니스에 악마의 변호인이
필요한 순간

어떤 본부장이 회사의 운명을 가를지도 모르는 신규 사업 프로젝트를 추진합니다. 본부장은 어떻게든 성공하고 싶으니 신중에 신중을 기해 사업을 진행합니다. 그래서 직원들에게 의견을 묻고 여러 차례 회의를 거듭합니다. 그런데 공교롭게도 직원들 의견이 정확히 반으로 갈립니다. 서로 절대 의견을 굽히지 않습니다.

> 팀원들의 찬반 대결이 치열할 때
> 어떤 방법으로 결론을 구하겠습니까?

이 일로 본부장은 저에게 자문을 구합니다. 경영자가 철학자에게 자문을 구하다니 이게 말이 되냐고요? 이상하다 생각하겠지만 아닙니다. 철학자는 사업의 타당성 자체를 검토할 수는 없지만, 타당성을 검토하는 방법은 자문할 수 있습니다. 해서 철학자로서 악마의 변호인을 추천합니다. 찬반이 치열할 때 이 순간에야말로 악마의 변호인이 필요합니다.

"프로젝트에 찬성하는 직원들에게는 반대하는 이유를 세 가지씩 찾아오라고 하세요. 그리고 반대하는 직원에게는 찬성하는 이유 세 가지씩을 찾아오게 하시고요. 그런 다음 상대방 입장에서 서로 토론하게 하고 그 과정을 잘 지켜보세요. 그러면 결론이 나올 겁니다."

이런 악마의 변호인 방법은 현재 미국 최고의 로스쿨에서도 사용하는 토론식 소통법입니다. 토론을 하면 상대방은 가장 약한 부분을 치고 들어옵니다. 이런 공격을 막아내려면 어떻게 해야 할까요? 상대방이 가장 강력한 주장을 펴게 한 다음, 그 논점을 무너뜨리면 상대는 맥없이 무너집니다. 자신의 주장을 펼 근거가 사라지는 셈이니까요.

이때 논점을 무너뜨리려면 상대방 말을 잘 들어야 합니다. 상대의 허점을 찾아내려면 세심히 듣고 살펴야 하며 상대 입장에서 생각해야 합니다. 그래야 장점과 단점이 보이고, 허점을 찾아낼 수 있습니다. 자신의 입장을 떠나서 생각할 줄 모르는 사람은 불확실성을 제거할 수 없습니다. 자신의 입장을 부정하는 용기를 가진 사람만이 전체를 보는 지혜를 가질 수 있습니다. 데카르트는 확실성을 추구하기 위해 불확실성을 끝까지 밀고 나가는 용기가 있었던 셈입니다.

•

선택의 순간, 비판적 사고가 필요한 이유

새로운 회사를 만들기 위해서는 머릿속으로 1,000개 회사를 만들었다 부숴야 한다는 말이 있습니다. 일종의 멘탈 시뮬레이션인데요. 대개 일을 시작하려는 사람들은 좋은 점을 찾지, 잘못될 가능성은 생각지 않습니다. 상황을 낙관적으로만 보면 객관성을 잃습니다. 그리고 발전 가능성도 없지요.

새로 시작하는 일의 가능성을 알고 싶다면, 또는 중요한 결정을 내려야 한다면, 철학자들을 벤치마킹하세요. 철학은 멘탈 이종격투기와 비슷합니다. 스스로 자신을 부정하는 비판적 태도는 확실한 사업 아이템을 찾고 해결책을 찾는 첩경입니다.

단, 한 가지 주의할 게 있습니다. 비판과 비관은 다릅니다. 긍정하기 위한 부정이지, 가능성 자체를 비관하는 게 아닙니다. 데카르트는 의심하기 위한 의심이 아니라 의심을 극복하

고 넘어서기 위한 방법으로서 의심을 했습니다. 이것이 바로
방법론적 회의주의의 핵심입니다.

많은 팀장들이 브레인스토밍을 한답시고 무작정 회의만
합니다. 회의는 길게 하는 것보다 제대로 하는 게 중요합니다.
제대로 된 회의에서는 의제가 명확하며 핵심 관계자만 참석
합니다. 사전에 의제를 공지해 미리 고민해오게 하면 더 좋겠
지요. 그래야 좋은 아이디어가 나오고 해결책을 찾을 수 있습
니다.

그래서 데카르트의 방법론이 중요합니다. 비판을 위한 비
판만 하는 회의주의자와 달리, 데카르트는 진리를 발견하는
방법으로서 비판을 한 사람이니까요. 데카르트는 건설적인
비판을 위해 다음 네 가지가 필요하다고 말합니다.

첫째, 어떤 것도 당연하게 받아들이지 마라.

둘째, 복잡한 문제를 단순하게 쪼개라.

셋째, 단순한 문제에서 시작해 복잡한 문제로 옮겨가라.

넷째, 빠뜨린 것이 없는지 전체적으로 다시 점검하라.

진리를 탐구하기 위한 비판이라면, 더 확실하게 성공하기
위한 비판이라면 기꺼이 받아들일 수 있지 않을까요?

"긍정을 위한 부정은 필요합니다. 건설적 비판을 통해 최선의 결론을 찾겠습니다."

리더는 이렇게 공언하며 팀원들의 사업 기획안이나 마케팅 실행안에 비판을 가합니다. A안은 이래서 문제다, B안은 저런 점 때문에 안 된다, 과연 이 안이 최선인지 다시 한 번 생각해봐라, 빨간 줄이 하나하나 그입니다. 그런 후 회의에 참석한 사람들을 둘러보며 말합니다.

"돌아가면서 이 안건에 대해 한마디씩 해보세요."

모두의 비판이 끝난 후 리더는 안건을 올린 실무자에게 말합니다.

"여기 모인 사람들 의견을 잘 들었지요? 정리해서 최선의 결론을 가져오세요."

리더는 뿌듯해합니다. 그런데 이런 식의 회의가 두 달간 지속되자 기획안 수가 현저히 줄어듭니다. 다소 위험하지만 창의적이고 도전적인 기획안은 아예 올라오지 않습니다. 그런 기획안일수록 일방적으로 비판하기가 참 쉽기 때문입니다.

방법론적 회의론 자체에 문제가 있는 걸까요? 아니면 다른 문제가 있는 걸까요? 당신이 리더라면 어떻게 하겠습니까?

19. 진짜 '통하고' 있습니까?

〰〰〰〰〰〰〰〰〰〰〰〰〰

파스칼을 아시나요? 천재 수학자이자 문필가이자 철학자인 그의 이름은 많이들 들어보았을 겁니다. 회계사 아버지 밑에서 태어난 파스칼은 어려서부터 수학에 뛰어나 많은 기대를 받았습니다. 그러나 18세부터 하루도 아프지 않은 날이 없었고, 24세부터는 액체로 된 음식만을 간신히 목구멍으로 넘길 정도로 병세가 심각했습니다. 허나 이처럼 몸이 아픈 가운데서도 파스칼은 신학, 철학을 깊이 연구해『팡세』,『시골 친구에게 보내는 편지』와 같은 명저를 남깁니다.

39세에 요절한 파스칼은 말년에 잠을 잘 수 없을 만큼 심각한 치통을 4년간 앓습니다. 그는 지독한 고통을 잊기 위해 연구를 시작하는데요. 단 며칠 만에 사이클로이드라는 엄청난 문제를 풀어냅니다. 그래서 그가 남긴 유명한 말이 있지요.

"인간은 수증기 한 방울로도 죽을 수 있을 만큼 갈대처럼 연약하다. 그러나 인간은 생각하는 갈대다."

•

어느 도박사의 내기

자, 그럼 여기서 질문을 하나 던집니다. 과연 신은 존재할까요? 너무 뜬금없는 질문 같나요? 이 이야기를 하는 이유는 파스칼 때문입니다. 병으로 고통받던 파스칼은 신학을 깊게 탐구합니다. 그리고 과연 신이 존재하는지에 대해 논증을 합니다.

사실 신의 존재는 인류의 역사가 시작되면서부터 계속 논쟁거리입니다. 중세 유럽을 제외하면 신을 믿지 않는 사람과 신을 믿는 사람, 다른 신을 믿는 사람 사이의 분쟁은 늘 있어 왔습니다. 과학이 이렇게 발전했는데도 신의 존재는 여전히 밝혀지지 않습니다. 왜 그럴까요? 신의 존재는 앎의 대상이 아니기 때문입니다. 신은 믿거나 믿지 않는 존재이지, 알고 모르고의 대상이 아닌 것이지요.

그렇다면 신이 존재하는지 존재하지 않는지 알 수 없는 상황에서 신을 믿을지 말지를 어떻게 결정하면 좋을까요?

세상 모든 것에 내기를 거는 도박사가 있습니다. 그는 신이 존재하느냐, 존재하지 않느냐를 두고 내기를 합니다. 도박사는 무턱대고 자신의 감에 따라 배팅하는 사람이 아닙니다. 모든 변수와 경우의 수를 생각해서 가장 이득이 되는 선택을 하는 것이 도박사입니다. 그래서 도박사는 다음과 같은 네 가지 경우의 득실을 따져봅니다.

첫째, 신이 실제로 존재하는데 내가 신을 믿는 경우입니다. 이 경우에는 대박이 터진 것이나 다름없습니다. 천당 들어가는 표는 예약된 것이지요. 물론 주일마다 교회에 나가야 하는 비용이 발생하기는 합니다. 하지만 영원한 행복이 보장된 천당에 들어가는 비용이니 기꺼이 지불할 마음이 있습니다.

둘째, 신은 실제로 존재하지 않는데 내가 믿는 경우입니다. 이 상황에는 죽고 나면 아무것도 없겠지요. 아니, 죽었으니 무엇이 있는지 없는지조차 알 수 없을지 모르겠습니다. 그야말로 완전 꽝입니다. 살아생전에 교회에 가느라 친구들과 주말에 놀지 못한 게 억울해집니다. 그러나 교회를 다니면서 좋은 사람들과 만나고 깨달음도 얻었으니 손해라고만 볼 수는 없습니다. 통틀어 계산해보면 그저 그런 상태겠지요.

셋째, 신이 실제로 존재하는데 내가 믿지 않는 경우입니다. 이 경우는 결과를 생각하기도 싫습니다. 영원한 지옥불에 떨어질 테니까요. 신을 믿지 않은 불경죄는 그 무엇으로도 사면될 수 없습니다. 우리가 신을 믿지 않을 때 느끼게 되는 무한한 두려움의 진원은 바로 이 경우 때문입니다.

넷째, 신이 실제로 존재하지 않는데 믿지 않는 경우입니다. 얻을 것도 잃을 것도 없으니, 아무것도 없는 셈이지요. 고통받을 지옥도, 즐거움을 누릴 천당도 없습니다.

•

그럼에도 그가
천국에 가지 못한 이유

이렇게 네 가지 경우를 따져본 도박사는 이렇게 결론 내립니다.

"신이 실제로 존재하는지 알 수 없는 상황에서 인간이 할 수 있는 최대의 베팅은 일단 신을 믿고 보는 것이다."

이것이 파스칼의 『팡세』(Pensées, 생각)에 나오는 도박사 논증입니다. 분별 있는 도박사라면 리스크가 가장 큰 쪽을 염두에 두고 일단 신을 믿고 보는 것이 상책이라 말할 겁니다. 믿지 않다가 지옥에 가는 것보다는 믿고 천당에 가는 것이 유리하단 얘기지요.

그렇다면 『팡세』의 도박사는 과연 천당에 갔을까요? 제 생각에 도박사는 천당 문 앞에서 문전박대를 당했을 겁니다. 왜냐고요? 신에 대한 믿음은 불확실한 상황에서 벌이는 확률 게임이 아니기 때문입니다.

엄밀히 말하면 도박사는 처음부터 신에 대한 믿음의 의미를 잘못 생각했습니다. 신앙은 인간과 신의 소통입니다. 진정한 믿음 없이 이익과 손실의 계산법으로 접근한 것은 신을 속이려 한 것입니다. 더구나 도박사의 신앙은 왜 신앙을 가져야 하는지에 대한 본질과도 거리가 멉니다. 파스칼의 말처럼 '인간은 수증기 한 방울로도 죽을 수 있을 만큼' 연약합니다. 이처럼 인간의 약함을 인정하고 신에게 진정한 소통을 구하는 것이 믿음입니다. 도박사는 이 같은 '본질'을 간과한 것이지요.

이런 일은 비단 종교에서뿐 아니라 회사, 집안, 일상에서도 자주 벌어집니다. 다음 이야기를 한 번 보시지요.

새로운 함장이
소통하는 법

미국은 최강의 화력을 자랑하는 최신 전투함을 만듭니다. 그런데 문제가 생깁니다. 대양으로 나가 항해 훈련만 하고 오면 승무원들이 전역 신청을 하는 겁니다. 이런 현상이 계속되던 차, 어느 날 새로운 함장이 취임합니다.

그런데 새 함장이 취임한 지 불과 6개월 만에 놀라운 일이 일어납니다. 이 배에 승선하기 위해 승무원들이 몰리기 시작한 것이지요. 급기야 경쟁률이 4 대 1에 이릅니다. 도대체 새 함장은 무엇을, 어떻게 한 것일까요?

그는 취임하자마자 승무원 300명을 한 명씩 불러들여 세 가지 질문에 답을 쓰게 합니다.

첫째, 자네가 만족하고 있는 것은 무엇인가?

둘째, 불만족스러운 점은 무엇인가?

셋째, 자네에게 권한이 주어진다면 어떻게 개선할 것인가?

함장은 승무원들에게 받은 300쪽 분량의 답안지를 꼼꼼히 읽습니다. 그리고 이를 실제 배를 경영하는 데 적용합니다.

물론 승무원들의 이야기를 무조건 다 들어줬다는 의미는 아닙니다. 열린 마음으로 그들의 마음을 읽고, 이치에 맞는 것을 선별해 바로 실천한 겁니다.

누가 어떤 제안을 했는지는 함장과 승무원 둘만 아는 비밀입니다. 또한 시간이 많이 걸린다고 해서 서너 명씩 한꺼번에 부르지도 않았습니다. 300명 전원을 일대일로 면담했습니다.

여기서 중요한 건 물리적으로 일대일 면담을 했다는 게 아닙니다. 진짜 소통을 했다는 점입니다. 『광세』의 도박사처럼 겉만 번지르르한 이익과 손실의 계산법으로 접근하지 않았던 것이지요. 먼저 본질이 무엇인지를 생각했습니다. 그 후에 상대와 진정으로 통하는 방법을 찾았고, 그것을 실천했습니다.

더불어 진솔하게 이야기를 나눌 수 있는 분위기를 만들었습니다. 익명을 보장함으로써 다른 사람 시선에서 자유롭게 해주었지요. 형식적인 소통, 보여주기 위한 소통, 효율성만 따지는 소통이 아니라 문제의 근원을 해결하기 위한 소통을 했다는 데 핵심이 있습니다.

리더는 '질문'을 하는 사람입니다. 동시에 '경청'을 하는 사람입니다. 마음과 귀를 열고 있음을 사람들에게 알리는 길은 묻고, 조용히 듣는 것뿐입니다. 그냥 듣는 것이 아니라, 적극적인 관심과 애정을 담아서 들어야 진심이 들립니다.

이런 리더는 얼핏 갈대처럼 약해 보일 수 있지요. 그러나 생각하는 갈대, 소통하는 갈대는 바람이 불어와도 흔들릴지언정 꺾이지 않습니다. 때론 부드러움과 유연함이 그 무엇보다 강하니까요. 당신에게 묻습니다.

당신은 무엇을 위해 소통하고 있습니까?

평가를 위해? 처벌을 위해? 책임자를 규명하기 위해?

진정으로 본질적인 소통을 하고 있는지 묻습니다. 혹시 당신도 숫자와 계산을 먼저 내세운 팡세의 도박사는 아닌가요?

최근 동호회에서 회장이 된 당신. 독선적 결정을 하지 않고 사람들 의견에 귀 기울이는 햇살 같은 리더가 되자고 마음먹습니다.

그런데 처음부터 쉽지가 않습니다. 재무 일을 할 새 인물을 영입하려 하는데 대다수 사람들이 극렬히 반대를 하고 나섭니다. 수장의 입장에서 보면 주먹 구구식으로 운영되는 이 모임에는 정직하고 투명하게 회계 일을 맡아볼 새 인물이 꼭 필요해 보입니다. 그러나 사람들의 반대는 대단히 거셉니다. 한두 명도 아니고 절대다수 사람들이 끝까지 반대하고 나서는데요.

질문하고 경청하는 리더, 진정으로 소통하는 리더가 되고자 한 당신은 어떤 선택을 하겠습니까? 한두 명도 아니고 대다수가 반대를 하니 새 인물 영입은 포기해야 할까요? 아니면 반대를 무릅쓰고 본인의 결정을 밀고 나가야 할까 요? 그렇게 결정한 이유는 무엇입니까?

20. 작은 거짓말로 위기를 모면할 것인가, 거대한 진실을 드러낼 것인가?

● 칸트
유키지루시 이야기

～～～～～～～～～～～～～～

오랜 역사를 지닌 일본 유제품 제조 회사가 있습니다. 그런데 그 회사에서 만든 썩은 우유를 마시고 수많은 고객이 식중독에 걸립니다.

"우리 회사 제품에는 문제가 없습니다. 식중독이 우리 제품과 연관 있는지는 아직 증명되지 않았습니다."

회사는 같은 말만 되풀이할 뿐 제품을 회수하거나 판매를 중지하는 등 적극적인 조치를 취하지 않습니다. 그 사이 피해자는 눈덩이처럼 불어나 1만 5천여 명이 식중독에 걸렸습니다. 오사카시 보건 당국에서는 강제 회수 명령을 내립니다. 그러자 사장은 마지못해 기자회견을 열고 진실을 밝힙니다.

"공장에 있는 기계 중 하나가 세균에 감염됐습니다. 하지만 그 기계는 가동을 중단했으니, 앞으로는 안심하고 우리 회사의 제품을 애용해주십시오."

회사는 피해보상을 미루고 직원에게 책임을 전가합니다. 그런데 일은 끝나지 않았습니다. 소비자보호시민단체와 TV 방송국 기자는 문제의 기계가 기자 회견 후에도 계속 작동했음을 보도합니다.

그러자 일본 소비자들의 분노는 폭발합니다. 전국적인 불매운동이 일어나고 매출과 주가는 곤두박질쳤습니다. 다음 해 사장은 사퇴했으며, 일본 최대 시장점유율을 자랑하던 회사는 폐업을 선언합니다. 여러분도 잘 아는 유키지루시(雪印) 유업 이야기입니다.

•

감당할 수 없는 진실 앞에서

왜 많은 기업, 많은 사람들이
진실을 말하기를 두려워할까요?

일이 이렇게 커질 때까지 말입니다. 대부분 이렇게 말합니다. 보복이 두려워서, 상대방 기분이 상할까 봐, 변화가 무서워서, 왕따당할까 봐, 지지를 잃을까 봐, 대가를 치러야 하기 때문에, 체면이 떨어질까 봐.

다양한 변명에 담긴 내용의 핵심은 두 가지입니다. 다른 사람이 손해를 보든 말든 자신은 손해 보기 싫다는 이기심, 그리고 손해 보는 것을 겁내는 비겁함입니다.

그렇기 때문에 진실을 말하기 위해서는 용기가 필요합니다. 진실이 불편하게 느껴지는 건 바로 이런 이유입니다. 그러나 진실이 아무리 불편해도 진실을 마주하고 밝혀야 하는 이유는 그것이 진실이기 때문입니다. 진실성은 가장 큰 설득력을 가집니다.

이렇게까지 말씀드렸는데도 진실을 말할 용기가 나지 않는다고요? 그렇다면 꼭 만나야 할 사람이 있습니다. 바로 칸트입니다. 칸트는 매일 같은 시간에 산책을 했는데, 워낙 시간 관리가 철저해 그가 산책하는 시간을 보고 동네 사람들이 시계를 맞출 정도였다고 하지요. 또한 루터교 경건파의 독실한 신자였던 부모님의 영향을 받아 평생 절제하고 금욕적으로 살았습니다. 그리고 자신이 태어난 동네에서 평생 벗어나지 않았습니다. 여기까지는 널리 알려진 사실입니다.

그런데 칸트는 반전이 있는 사람입니다. 대학에서 논리

학, 형이상학, 도덕철학 등 딱딱하기 그지없는 주제를 가르쳤지만 강의실은 학생들로 넘쳤습니다. 특히 여성들에게 인기가 좋았다고 하지요. 강의 내용은 유머가 넘치고 박진감 있었습니다. 또한 그는 전 세계 지리, 경제 등 다양한 분야에 대해 해박한 지식을 갖고 있었습니다. 그래서 사람들은 그의 강의를 좋아했습니다.

칸트는 동료 학자뿐 아니라 사회 각계각층 사람들과 점심을 같이했습니다. 자칫 전문가라 불리는 이들은 우물 안 개구리처럼 자기 확신에 빠져 틀에 갇히는 경우가 많은데요. 그러나 칸트는 다양한 이들과 교류하며 사유의 지평을 넓혔습니다. 흔히 생각하듯 외톨이 샌님 학자가 아니었던 것이지요.

·

네가 해서는 안 되는 일은
내가 해서도 안 되는 일

그런 칸트가 단호하게 주장한 것이 있습니다. 간단합니다. 이 세상의 도덕법칙은 문화·사회에 따라 상대적이지 않다는 겁니다. 즉, 절대적인 도덕법칙이 존재한다는 겁니다. 어떤 경우

에든 절대 해서는 안 되는 일이 있는가 하면 반드시 해야 할 일도 있다, 그런 말입니다. 나만이 아니라 모든 사람에게 보편적으로 적용되는 것은 옳은 일입니다. 다른 사람에게는 적용하면서 자신은 예외로 돌리는 것은 용납될 수 없지요.

동양에서 이런 예를 찾자면 "남이 네게 하지 말았으면 하는 일이 있다면 너도 그것을 남에게 하지 말라."는 『논어』 우명공편 공자님 말씀을 들 수 있습니다. 서양에서는 『성경』 마태복음 7:12에서의 예수님 말씀, "남이 너에게 하기를 바라는 일을 네가 먼저 남에게 하라."가 있겠지요.

그런데 칸트는 이것을 한 단계 더 격상시켰습니다.

"모두가 그 행동을 했을 때 논리적 모순이 있다면 절대 그 일을 해서는 안 된다."

그 결과가 얼마나 참혹하든 말이지요. 너무 단호한가요? 인정머리 없는 태도라고 생각하는 사람도 있을 겁니다. 현실성이 떨어지는 원칙이라고 생각하는 독자도 있을 테고요. 그런데 과연 그럴까요? 칸트가 하는 말의 의미를 좀더 깊이 살펴봅시다.

먼저 칸트가 말하는, 절대 해서는 안 되는 행동은 무엇인지 보겠습니다. 가장 대표적인 것이 '거짓말'입니다. 거짓말은

절대 해서는 안 됩니다. '거짓말은 가급적 안 하는 것이 좋다.'
는 정도가 아닙니다. 그야말로 문자 그대로 어떤 상황에서든
절대로 거짓말을 해서는 안 된다고 말합니다.

이 말을 듣고 난 후, 마음속에 수많은 질문들이 꿈틀할 겁
니다. 당시 사람들도 그랬습니다. 인지상정이지요. 그렇다면
다음 같은 경우에 당신이라면 어떻게 하겠습니까?

•

살인마에게 쫓기는 남자

한 남자가 집으로 헐레벌떡 달려와 문을 두드리며 호소합니다.

"지금 끔찍한 살인마에게 쫓기고 있어요. 저 좀 숨겨주세
요. 그리고 그 사람이 여기 와서 저를 찾으면 이 집에 없다고
말해주세요."

그러곤 집 안으로 뛰어 들어와 숨었습니다. 과연 조금 있
으니 험상궂게 생긴 사람이 손에 도끼를 들고 나타납니다.

자, 당신이 집주인이면 어떻게 하겠습니까?
그 사람의 부탁대로 거짓말을 하겠습니까,

아니면 사실대로 집에 숨었다고 실토하겠습니까?

칸트는 단호하게 말합니다.

"진실을 말하라."

이런 극단적인 상황에서도 남자가 자신의 집에 숨어 있다는 진실을 말해야 한다고 칸트는 주장합니다. 이유는 이렇습니다.

만약 집에 있다고 진실을 말해 살인마가 남자를 찾아내 죽인다면, 그 살인은 전적으로 살인마 책임입니다. 집주인은 잘못된 행동을 전혀 하지 않았지요.

그런데 만약 남자가 집에 없다는 당신의 말을 듣고 살인마가 집밖으로 나가 주변을 둘러본다 합시다. 만일 이때 당신을 믿지 못한 남자가 뛰쳐나가 도망치다가 길에서 살인마에게 붙들려 죽임을 당한다면요? 이런 경우는 어떻게 봐야 할까요? 이때도 전적으로 살인마 책임일까요?

아닙니다. 당신이 한 거짓말로 인해 상황이 달라졌습니다. 따라서 온전히 살인마의 책임이 아닙니다. 이때는 남자의 죽음에 당신도 책임이 있습니다.

거짓말은 이런 것입니다. '의도가 좋다면' 거짓말도 옳다는 명제는 성립하지 않습니다. 의도와 상관없이 거짓말은 우리 삶의 인과관계를 왜곡시키기 때문입니다.

그럼에도 여전히 당신은
'하얀' 거짓말이 있다고 생각하나요?

・

유키지루시가 진실을
말했어야 하는 이유

이런 예는 극단적이니 어울리지 않는다고요? 그렇다면 앞의 유키지루시 유업 이야기를 다시 생각해봅시다. 사장이 거짓말을 한 건 혼자만 잘살기 위해서는 아닐 겁니다. 수천 명의 직원들, 수많은 협력사들, 업계 1등의 자리…. 지키고 싶었겠지요.

우선 살아남고 봐야 하는 마당에 소비자보호단체, 언론이 마치 도끼를 든 살인마처럼 보였을지 모릅니다. 여러분이라면 어떤 행동을 했을까요? 과연 옳은 판단을 내리고 도덕적 행동을 했을까요?

칸트가 어떤 상황에서도 '진실'을 말하라고 하는 이유는 그것이 진짜 상대방 인격을 존중하는 길이기 때문입니다. 내가 상대방에게 진실을 숨기거나 거짓말을 한다면 상대방은 현명한 결정을 내릴 수 있는 기회를 원천적으로 박탈당하는 셈입니다.

예를 들어 고객에게 진실을 밝히지 않는 기업은 소비자를 인격체로 대하지 않는 겁니다. 고객은 모욕감을 느낄 테고, 연이은 거짓말에 분노하겠지요. 기업에 대한 신뢰가 무너졌으니 아마 상황을 수습하기란 거의 불가능합니다. 그러므로 최선의 방법은 미리 솔직하게 털어놓는 겁니다. 진실한 소통이야말로 상대 인격을 존중하는 것입니다. 설혹 진실이 참혹하거나 잔인하다 해도 말입니다.

사람들은 다른 사람에게 조종당하기를 원하지 않습니다. 사람들은 자기 판단에 따라 스스로 한 결정이라 여겨야 동기를 얻습니다. 그리고 행동에 옮기며 그 결과를 책임집니다. 적어도 자신이 의사결정에 참여한다 느낄 때 주인의식을 느끼지요. 그래서 리더는 다른 사람들에게 진실한 정보를 전달해야 합니다.

존슨앤드존슨의 진실
vs. 타카타의 거짓

그렇다면 거짓말은 항상 나쁜 결과만 가져올까요? 물론 그렇지는 않습니다. 때로는 거짓말이 더 좋은 결과를 낳을 수도 있습니다. 일시적으로, 또는 장기적으로 그럴 수 있습니다.

그런데 칸트는 결과가 좋든 나쁘든 상관없이 진실을 말해야 한다고 주장합니다. 왜냐하면 진실을 밝히고 협조를 구하는 리더는 모두가 참여하고 판단할 수 있는 기회를 제공하기 때문입니다. 진실만이 모든 구성원이 조직에 충성할 마음이 들게 하고 자긍심을 느끼게 만듭니다. 마찬가지로 진실만이 진정한 충성고객을 만듭니다.

1982년 미국 시카고에서 존슨앤드존슨의 타이레놀을 복용한 사람이 사망합니다. 누군가가 약에 청산가리를 투입한 것으로 밝혀집니다. 회사는 즉시 상황을 언론에 공개하고 타이레놀 3천만 병을 모두 회수합니다. 미국 FDA(식품의약국)가 권고한 것보다 더 광범위하고 빠른 조치였습니다. 존슨앤드존슨이 입은 손실은 2억 5천만 달러에 달했고, 사람들은 파산

할 거라 말했습니다.

그런데 어떻게 됐을까요? 이 사건으로 소비자들은 존슨앤드존슨을 모범 기업이라 인식했고, 덕분에 타이레놀은 지금까지도 불티나게 팔립니다. 오히려 소비자의 신뢰를 얻는 기회가 된 셈이지요.

최근 유사한 사례가 많습니다. 먹거리에서 파리 유충이 발견되고 여성용품에서 발암물질이 검출됩니다. 폭스바겐 연비조작 사태로 한동안 전 세계가 떠들썩하기도 했습니다. 진실에 대한 두려움. 거짓의 유혹. 용기내기 어려울 겁니다. 이때 유키지루시와 존슨앤드존슨의 극명하게 다른 결과를 떠올리세요.

세계 2위 에어백 제조사 타카타는 제품 결함을 은폐합니다. 그러다 결국 200명이 넘는 사상자를 내고 전 세계 1억 대 리콜을 받습니다. 소송 및 회수 비용을 감당하지 못하고 결국 파산, 중국 기업에 인수되기에 이릅니다. 질책과 비판이 무서워 거짓말을 거듭하고 거듭하다 걷잡을 수 없는 비극을 초래한 것이지요.

즉시 실수를 인정하고 진실을 밝히면 문제를 바로잡을 수 있습니다. 호미로 막을 것을 가래로 막지 않도록, 순간의 이익에 눈이 멀어 전체를 잃는 일이 없도록 리더가 중심을 명확히 잡아야 하는 이유가 여기 있습니다.

세계 제1의 제강 회사가 있습니다. 자국인 일본은 물론 미국, 독일, 한국 등 전 세계 200개 사에 제품을 공급합니다. 그런데 어느 날 품질관리팀 팀장은 우연히 제품에 문제가 있음을 발견합니다. 눈에 띄는 문제도 아니고, 검사하는 사람에 따라 결함이라고 보지 않을 수 있는 미미한 문제로 보입니다. 스스로 "이건 문제다."라고 밝히지 않는 이상 문제가 되지 않을 만한 일입니다. 어떻게 해야 할까요?

첫째, 컴플레인을 받을 정도의 명확한 품질 결함은 아닙니다. 둘째, 이미 생산된 물량을 폐기할 경우 100억 엔의 손실이 발생합니다. 더구나 기한 내에 제품을 내보내지 않으면 수억 엔의 추가 보상까지 해야 합니다. 이렇게 될 경우 아무리 제1의 제강 회사라도 회사 자체가 흔들립니다. 셋째, 한 기업의 문제로 끝나지 않을 수 있습니다. 일본의 품질제일주의, 즉 모노즈쿠리(もの 造り, 혼신의 힘을 쏟아 최고의 제품을 만든다)가 무너질 수 있으니까요.

그러나 항공기, 열차, 자동차 등 인간의 생명과 직결되는 제품에 들어가는 재료임을 생각하면 마음 한구석이 찜찜합니다. 당신이 품질관리팀 팀장이라면, 이 순간 어떤 결정을 내리겠습니까? 그렇게 결정한 이유는 무엇입니까?

21. 99명의 찬성 vs. 1명의 반대

● 밀
반대하기에 동의하기

다수결은 항상 옳은가, 소수는 정의로운가?

거수의 순간입니다. 100명 중 99명 찬성, 반대 1명. 아, 결과는 명확하군요. 다수결 원칙에 의해 찬성입니다. 땅땅땅. 그런가요? 동의하십니까? 100명 중 99명이 찬성하는 일에 단 한 명이 반대하는 일, 있을 수 있지요.

99명의 찬성, 1명의 반대

여러분이 결정권자라면 어떻게 하겠습니까?

시간도 절약할 겸, 한 사람 의견은 무시하고 바로 결정을 내리겠습니까? 아니면 반대하는 한 명의 목소리를 들어야 할까요? 바쁘게 변화하는 비즈니스 세계에는 이런 말이 있습니다.

"늦게 내리는 결정보다 더 나쁜 결정은 없다."
그렇다면 한 명의 의견쯤은 무시해도 되지 않을까요?

•

1명의 의견에
귀 기울여야 하는 이유

영국의 저명한 철학자 존 스튜어트 밀은 생각이 다릅니다. 한 명에 지나지 않지만, 반대하는 목소리는 반드시 귀 기울여 들어야 한다고 주장합니다. 어떤 주장인지도 중요하지만 더 중요한 것은 반대하는 근거가 무엇인지, 과연 그 근거가 맞는가 하는 것입니다. 밀은 철학자답게 논리적으로 자신의 주장을 증명해 보입니다.

　반대하는 한 명의 의견을 들었는데 그 의견이 틀렸다고 합시다. 그럴 때는 '역시 99명의 주장이 옳았군.' 하고 확인을 하니 좋은 일입니다. 반대로 그 한 사람의 주장이 옳다면, 하마터면 놓칠 뻔한 진실을 알게 됐으니 이 역시 좋은 일입니다. 밀의 증명은 완벽합니다. 어떤가요?

밀의 증명에 동의하시나요?

이것이 실제 현장에서도 가능할까요?

밀의 주장에 동의하기 힘들다며 고개를 갸웃하는 사람이 있을 겁니다. "촉각을 다투는 비즈니스 세계에서 그렇게 한가하게 토론이나 하고 있을 여유가 없어."라고 말할지도 모릅니다.

그래서 토론은 발등에 불이 떨어져 마음 조급할 때 하는 것이 아니라 평소에 해야 합니다. 그러기 위해서는 평소 자유롭게 의견을 말하고, 상대 이야기에 귀 기울여주는 분위기가 조성되어야겠지요. 다양한 의견을 나누는 과정에서 미처 생각지 못한 맹점이 드러나기도 하고, 다른 관점의 해결책을 찾을 수 있습니다. 이런 토론 문화가 뿌리 내린 조직은 위기 상황에서 의견을 나누고 합의하는 과정이 빠르고 명쾌합니다. 이런 경우 집단 사고의 함정에 빠지지 않습니다. 그러려면 어떻게 해야 할까요? 평소에 시쳇말로 계급장 떼고 치열하게 토론하는 분위기여야 합니다.

경험 있는
리더에게 물어라?

존 스튜어트 밀은 아버지인 제임스 밀에게서 고급 교육을 받습니다. 세 살부터 그리스어를, 여덟 살부터 라틴어를 배웁니다. 열 살에는 이미 플라톤을 원전으로 술술 읽습니다. 아버지는 아들을 공리주의를 이어갈 천재 지식인으로 만들겠다는 계획에 따라, 존경하는 친구인 제러미 벤담에게 교육을 맡깁니다. '최대 다수의 최대 행복'이란 양적 공리주의를 창시한 제러미 벤담은 밀에게 엄청난 교육을 시키지요.

청출어람이라 할까요. 밀은 벤담에게서 공리주의를 받아들이면서 동시에 스승의 이론에 반대합니다. 쾌락은 양적으로만 측정할 수 있는 것이 아니며 질적인 차이도 있다고 주장합니다.

그는 쾌락에는 고급과 저급이 있다고 구분합니다. 예를 들어볼까요? 토요일 오후에 셰익스피어 고전을 읽는 것은 고급 쾌락입니다. 정신적인 수양이자 인문학적 교양을 넓히는 일이니까요. 한편, 축구 경기를 보면서 한 골 들어갈 때마다

함성을 지르는 것은 저급 쾌락입니다. 정신적인 즐거움이라기보다 단순히 말초신경을 자극하는 것이니까요.

그러면 무엇이 고급이고 무엇이 저급인가요? 어떻게 알수 있을까요? 밀은 경험론을 신봉하는 영국 철학자답게 두 가지를 모두 경험한 사람에게 묻는 수밖에 없다고 말합니다. 경험 있는 리더에게 판단을 맡기는 것이 가장 좋은 방법이란 뜻입니다.

●

회의 중엔 침묵,
끝나고는 아우성

그런데 이런 방식은 민주주의와는 거리가 있어 보이지 않나요? 다수 의사에 따라 전체 방향을 결정하는 것, 즉 다수결 원칙이 가장 좋다는 생각이 바로 민주주의입니다. 51퍼센트 의사가 전체를 대변하는 셈이지요. 단, 여기에는 조건이 하나 붙습니다. 처음부터 바로 표결에 부치는 것이 아니라 그 전에 자유롭게 토론하는 겁니다. 발언을 원하는 사람은 누구나 발언할 수 있도록 배려하는 것이 중요합니다. 이것이 결정을 이끄는 사람의 의무입니다. 이때 소수의 목소리에 귀를 기울이면 분란이 줄어듭니다.

그런데 소수의 목소리를 듣기가 쉽지 않습니다. 대체로 자신이 소수 진영에 속함을 인정하려 들지 않기 때문입니다. 정확히 말하면 드러내기 싫은 겁니다. 그래서 돌아가는 분위기를 살피고 자신의 생각이 소수에 속하면 입을 닫습니다.

이때 필요한 게 뭘까요? 리더의 섬세한 배려입니다. 소수의 목소리를 듣는 것이지요. 꼭꼭 숨은 소수의 목소리를 끄집어내고 공론화하는 것이 리더의 역할입니다.

누구나 이런 경험을 해봤을 겁니다. 회의 도중에는 아무도 발언하지 않습니다. 그러다가 회의가 끝나고 나면 누군가가 다른 사람을 붙잡고 이렇게 말합니다.

"사실 다른 사람들도 있고 해서 아까는 말하지 않았는데 말야. 오늘 이야기 나온 대로 결정 나면 큰일 나. 자네가 회장님한테 잘 좀 말씀드려서 마음을 바꾸시도록 해봐."

여러분은 어떤가요? 여러분이 몸담은 조직은 어떤가요? 이런 일이 상시적으로 일어난다면, 그곳이 가정이든 학교든 회사든 대단히 문제가 심각한 겁니다.

더 이상
반대 의견 없습니까

미국의 한 IT 기업의 리더는 소수의 목소리를 듣기 위해 머리를 짜냈습니다. 그는 회사의 운명을 가를 만큼 중요한 결정을 내릴 때는 혼자 결정해서 직원들에게 통보하지 않습니다. 반드시 모든 직원들에게 공지를 합니다. 그리고 피드백을 달라고 합니다.

그런데 그냥 피드백을 달라고만 하면, 할 말 하는 미국 사람들도 먼저 이야기하지 않습니다. 괜히 상사에게 미운 털이 박힐까 두려워하는 것이지요. 그래서 리더는 이렇게 강제합니다.

"모든 직원들은 반대 의견을 하나씩 내세요."

그러면 모든 직원이 이 사안에 대해 무조건 반대 의견을 냅니다. 그중 아예 말이 되지 않거나 서로 상충하는 의견이면 폐기합니다. 이치에 맞고 근거가 있는 것은 즉시 반영합니다. 그렇게 1차 수정안을 만들어 전 직원에게 다시 돌립니다.

"여러분, 수정안에 대해서 다시 한 가지씩 반대 의견을 내세요."

이런 과정을 두세 번 반복하면 "이제 더는 의견이 없습니다."라는 말이 나옵니다. "이제 더 이상 반대 의견이 없습니까?"라고 확인하고, 모두 동의하면 그제야 결정을 내립니다.

일단 결정이 내려지면 그때부터는 어떤 예외도 없습니다. 직원 모두가 합의한 것이므로 집행자인 리더조차 그 결정을 마음대로 뒤집을 수 없습니다. 이것이 바로 인텔의 앤디 그로브 회장이 사용하는 '반대하기에 동의하기(AGREE TO DISAGREE)'입니다.

사람들에게 동기를 부여하는 방법은 단순합니다. 그들을 의사결정 과정에 참여시키는 겁니다. 일방적인 발화는 소통이 아닙니다. 소통은 쌍방향을 전제로 합니다. 의사결정 과정에서 자신의 의견을 내고 남의 의견을 들어 결정을 내리면, 더 적극적으로 결정에 따르고 실행할 겁니다. 자신이 스스로 내린 결정이니까요.

물론 리더는 중요한 순간, 결단을 내릴 줄도 알아야지요. 그러지 않으면 여러 의견에 휩쓸려 배가 산으로 갈 수 있으니까요. 그러나 결단을 내리기 전에 여러 의견에 귀 기울이는 일은 필요합니다. 서로의 의견이 지닌 장단점을 충분히 파악하세요. 그리고 다양한 의견을 들을수록 분란의 소지는 줄어듭니다. 때문에 충분한 논의와 합의를 거쳐 결정된 일은 그 자체로 강력한 힘을 지닙니다.

다양한 의견을 듣고 단 한 명의 반대 의견에도 귀를 기울이는 일은 리더에겐 반드시 필요한 일입니다. 그런데 그것이 현실에서 마냥 쉽지만은 않습니다.

영세한 건설업체 사장 A의 고민 이야기를 들어보니 이렇습니다.

"제발 여자화장실 좀 늘려주세요!"

바로 여자화장실을 더 만들어달라는 청원입니다. 남직원 20명, 여직원 10명이 있는 이 회사 건물에는 화장실이 총 세 칸이 있습니다. 남녀 사람 수를 고려해 남자 화장실이 두 칸, 여자화장실이 한 칸입니다.

그런데 이만저만 불편한 게 아닙니다. 여직원 10명이 한 칸의 화장실을 나누어 쓰니 시간마다 줄을 서는 것이 고역입니다. 이 같은 사정을 잘 알지만 답을 찾기가 쉽지 않습니다. 건물 안에 화장실을 하나 새로 만드는 데 상당한 비용이 들기 때문입니다. 만약 여자화장실을 더 짓는다면 2년간 직원들의 명절 상여금 등 다른 복지혜택을 줄여야 합니다. 경기는 불황에다가 매년 매출은 줄고 회사 예산이란 게 뻔하니 그 안에서 쪼개어 쓸 수밖에 없기 때문입니다.

예상대로 남직원들의 반발이 심합니다. "불편하겠지만 앞으로도 좀더 참아달라. 우리도 사람 수에 비해 많이 부족하다. 하지만 참으며 쓰고 있다."고 말합니다.

큰 예산을 쓰는 일이고 복지 문제인 만큼 직원들의 의견을 구해야 하는데요. 다수결로 정하는 순간, 어떻게 될까요? 답은 정해져 있습니다. 그렇다고 소수결이 무작정 정의롭다고만 말할 수 없습니다. 다수의 정당한 복지 혜택을 줄이는 일이니까요.

당신이 리더라면 어떻게 하겠습니까? 그렇게 결정한 이유는 무엇입니까?

22. 왜 우리는 매일 30분간 은퇴해야 하는가?

～～～～～～～～～

황제가 된 철학자 마르쿠스 아우렐리우스를 아시나요? 잘 모르더라도 『명상록』이란 책은 한 번쯤 들어보았을 겁니다.

과학이 발달하기 전 사람들은 세상을 신, 자연, 인간의 관점에서만 바라봤습니다. 그래서 그리스에는 수많은 신이 존재했고, 신들끼리 서로 사랑하고 미워하고 인간을 벌주곤 했지요. 그리스 신화를 모방한 로마 신화 역시 신의 이름만 다를 뿐 이야기는 같습니다. 그리스는 신화뿐 아니라 문화, 예술에 이르기까지 서양의 역사를 통틀어 강력한 영향력을 행사했습니다. 지금도 그리스 신화를 모르면 서구 유럽의 문학적·예술적 전통을 이해할 수 없을 정도니까요.

그런데 서구 문명의 시조인 그리스는 왜 후배 격인 로마에게 멸망을 당했을까요? 그리스에서는 황제의 자리에 오르려면 반드시 혈통을 이어받아야 했습니다. 황제가 될 만한 그 릇인지, 그만한 능력이 있는지 여부는 상관없이 황제와 왕실 의 혈통이라면 그 자리에 오를 수 있었습니다.

그러나 로마에서는 황제의 자리를 자식에게 물려주지 않 았습니다. 그보다는 '정신'을 이어받은 능력 있는 후계자에게 물려주었지요. 혈통과 정신이 패망과 세계 정복이라는 극과 극의 차이를 만들었습니다. 그리고 그 대표적인 인물이 바로 로마 역사상 가장 뛰어난 황제 중 한 명인 마르쿠스 아우렐리 우스입니다.

●

로마의 현제이자 철학자 아우렐리우스

아우렐리우스는 어릴 적부터 문학, 희극, 음악, 지리학, 문법, 수사학, 법학을 두루 공부합니다. 특히 스토아 철학에 심취합 니다. 부모가 일찍 세상을 떠나자 그는 고모부에게 양자로 갔 다가 하드리아누스 황제의 총애를 받습니다. 어려서부터 다 방면으로 교육을 받을 수 있었던 건 하드리아누스 황제의 배려와 지도 덕분이지요.

아우렐리우스를 아낀 황제는 그를 황제의 자리에 앉힐 계획을 세웁니다. 다음 황제로 안토니누스 피우스를 세우면서, 피우스가 아우렐리우스를 양자로 삼게 만듭니다. 한 세대 넘어서까지 계획을 세운 것이지요.

그렇지만 정작 아우렐리우스는 자신이 황제가 된 뒤 로마의 전통을 깨고 친아들 코모두스에게 왕위를 물려줍니다. 코모두스가 아버지만큼 현명했다면 문제가 없었겠지요. 하지만 성격이 포악하고 사려 깊지 못해 모두들 황제가 될 만한 자질이 없다고 여겼습니다. 영화 〈글래디에이터〉에서 주인공 막시무스 장군(가상의 인물)을 핍박하는 폭군 황제가 바로 코모두스입니다. 코모두스가 로마의 멸망을 앞당겼다는 말이 있을 정도로 그는 권력을 남용하고 나라를 제대로 보살피지 못합니다. 결국 암살당하는 비극을 맞지요.

어쨌든 아우렐리우스가 마흔의 나이로 황제의 자리에 올랐을 때 로마제국은 전성기를 막 지난 때였습니다. 제국을 다시 일으키기 위해 아우렐리우스는 죽을 때까지 대부분의 시간을 전쟁터에서 보냅니다. 그리고 그곳에서 일기처럼 자신의 생각을 기록합니다. 이것이 바로 로마제국 최고의 책이라 불리는 『명상록』입니다. 이 책은 남에게 보여주려는 목적보다는 자신을 일깨우기 위해 쓴 것입니다. 그래서 그를 황제이자 철학자라 부르는 것일 테지요.

아우렐리우스는 이토록 지혜로운 황제인 동시에 행동하는 철학자였습니다. 머릿속으로만 아는 것은 아무 소용이 없으며, 실천해야만 성과가 나온다는 소신을 가진 사람입니다. 그래서 그는 몸이 허약했음에도 조국 로마의 영광을 위해 불철주야 전쟁터를 지킵니다.

한 번은 아주 먼 곳까지 원정을 갔는데, 전투가 길어지면서 오랜 기간 로마와 소식이 끊깁니다. 이때 로마에는 아우렐리우스 황제가 전장에서 전사했다는 소문이 돕니다. 소통이 원활하지 못할 때는 소문, 특히 나쁜 소문이 나는 법이지요. 이때를 틈타 아우렐리우스가 아끼던 측근이 배신을 합니다. 이집트 근방의 국경을 맡길 만큼 믿었던 친구 카시우스 장군이 스스로 황제임을 선언하고 반란을 일으킨 것이지요.

이 소식을 들은 아우렐리우스는 어떤 반응을 보였을까요? 배신감에 치를 떨었을까요? 그렇지 않았습니다. 그는 이렇게 말합니다.

"절대로 감정에 휩쓸리지 말고 망동을 삼가라. ……남이

나를 모욕하더라도 내가 거기에 의미를 두지 않으면 그만이다."

아우렐리우스는 마음을 가라앉히고 친구를 만나러 길을 나섭니다. 따져 묻기 위해서가 아니라, 친구의 이야기가 옳은지 직접 듣기 위해서입니다.

그런데 그를 만나러 가는 길에 카시우스가 누군가에게 칼을 맞고 죽었다는 소식을 듣습니다. 아우렐리우스는 배신당한 것이 마음 아파서가 아니라, 화해하지 못한 채 친구를 떠나보낸 것이 안타까워 통곡을 합니다. 관대함을 이야기하는 스토아 철학의 이론을 자신의 삶으로 그대로 보여준 것이지요.

•

진정한 안식처는
어디에 있는가

아우렐리우스는 특히 내면의 소리에 귀 기울일 것을 권합니다. 모든 문제의 원인을 항상 자신에게서 찾아보라고 말하지요.

자신의 내면을 살펴보라. 내 마음속에는 선(善)의 샘이 있고, 이 샘은 아무리 길어내도 결코 마르지 않는다.

_명상록, p.100 (올재클래식스)

주위 환경 때문에 어쩔 수 없이 당신의 마음이 흐트러질 때
에는 재빨리 자기 자신에게로 되돌아와서 필요 이상으로
당황하는 일이 없도록 하라. 끊임없이 자기 자신으로 되돌
아옴으로써 당신은 조화를 더 잘 유지할 수 있기 때문이다.

_명상록, p.74

대개의 사람들은 문제의 원인을 밖에서 찾곤 합니다.
"그때 타이밍이 너무 안 좋았어요."
"억울합니다. 상황이 그렇게 돌아갔다니까요."
남을 원망하고 환경을 탓하는 것은 스스로가 약하다는 것
을 드러내는 징표입니다. 강한 사람은 문제의 원인을 내부에
서 찾습니다. 자신이 고칠 수 있는 것은 자기 자신밖에 없기
때문입니다. 세상을 바꾸는 가장 빠른 길은 자신을 바꾸는 것
이고, 자신을 바꿈으로써 새로운 길을 찾을 수 있습니다.
또한 그는 진정한 은신처는 외부가 아닌 내면에 있다고
말합니다.

사람들은 전원이나 해변이나 산속에 있는 집을 은신처로 삼으려고 한다. 당신도 이러한 집을 열망하고 있다. 그러나 이것은 가장 평범한 사람이라는 증거에 지나지 않는다. 왜냐하면 당신은 필요한 경우에는 언제든지 당신 안에서 휴식을 취할 수 있기 때문이다. 인간은 어느 곳에서보다도 자신의 영혼 속에서 가장 조용하게 모든 수심으로부터 풀려나 쉴 수 있으며, 특히 그것에 의지하기만 하면 곧 완전한 평온을 얻을 수 있는 사상을 마음속에 간직하고 있을 때에는 그러하다. 나는 마음의 평정은 바로 정신의 훌륭한 질서라고 주장한다. 따라서 끊임없이 이러한 휴식을 취하며 자신을 쇄신하라.

_명상록, p.50

요즘 많은 사람들이 은퇴 후 30년을 어떻게 설계할지를 놓고 고민합니다. 하지만 그 전에 당장 30분이라도 은퇴해보길 권합니다. 30분이라도 일에서 벗어나 자신과 대화하는 시간을 가지라는 뜻입니다.

그렇다면 30분 은퇴는 어떻게 하는 걸까요? 간단합니다. 먼저 휴대전화를 내려놓으세요. 둘째, 메일을 확인하지 않습니다. 셋째, 명상을 합니다. 조용한 곳에 혼자 앉아 천천히 들숨날숨에 집중합니다. 입으로 "들숨~ 날숨~."을 소리내어 말하면 잡생각이 나지 않고 온전히 자기 안으로 빠져들 수 있습니다.

직장인이든, 가정주부든, 학생이든 매일 30분씩 직업에서 역할에서 은퇴해보세요. 지난 기억을 지워야 새로운 기억을 채울 수 있듯이 휴식을 취해야 열정을 회복할 수 있습니다. 외부의 잡음을 끊어내고 내면의 움직임에 귀를 기울이면 아우렐리우스가 말한 진정한 은신처가 생길 겁니다. 아니면 그저 일의 노예, 시간의 노예, 삶의 노예로 살아가게 되겠지요.

30분의 은퇴가 당신의 인생을 달라지게 만듭니다. 아우렐리우스의 충고가 지금 우리에게도 여전히 유효한 이유입니다.

딜레마가 있는 질문

"남들이 뭐라 하든 이에 개의치 말고 당신 자신의 본성과 보편적인 자연법칙에 따라 일직선으로 나아가라."

아우렐리우스는 『명상록』을 통해 '내면의 단단함'을 강조합니다. 사람들의 헛된 말에 휩쓸리지 말고 자신의 마음을 지켜 앞으로 나아가라고 말하지요. 다음을 보시지요.

당신이 진행하는 M&A 건이 순탄하지 않습니다. 현실은 이론과 달랐습니다. 시장은 예상 변수를 크게 비껴갔고, 애초의 기획의도는 흐려진 지 오래입니다. 악재다 싶을 만큼 일이 꼬여갑니다. 일년 이상 끌어온 프로젝트가 이 모양이 되고 보니 불안한 팀원들은 하루가 멀다 하고 찾아옵니다.

"팀장님, 포기해야 되지 않을까요? 이 상태로 가는 건 팀 자살행위예요. 지금이라도 발을 빼야 우리가 자리라도 보전할 수 있다고요."

하지만 당신의 마음은 단단합니다. 포기하고 싶지 않습니다. 조금만 더 버티면 성공할 수 있을 것 같습니다. 그런데 함께 일하는 사람들의 뜻은 다릅니다. 잘못될 경우 워낙 손실이 크기에 정말 팀 전체가 사직서를 내야 할지도 모릅니다. 당신이라면 어떻게 하겠습니까? 아우렐리우스의 조언대로 자신의 뜻을 밀고 나가겠습니까? 아니면 동료들 의견에 따라 프로젝트 중단을 선언하겠습니까? 그렇게 결정한 이유는 무엇입니까?

나는
무엇을
모르고
있는가?

2,500년 전 아테네에서 가장 현명한 사람은 소크라테스라는 이름의 철학자였다. 왜, 소크라테스일까? 델포이 신전 신탁에 이렇게 쓰여 있었기 때문이다.

"세상 사람들은 자신이 모른다는 사실을 모른다."

뒤집어 생각하면, 그 시대 내로라하는 현자들마저 자신이 모른다는 사실을 제대로 알지 못했다는 얘기다.

그렇다면 모른다는 것을 아는 게 왜 중요할까? 자신이 모른다는 것을 모르는 사람은 배우려 하지 않기 때문이다. 자신이 모른다는 사실을 아는 사람만이 배우려 한다. 배우는 방법은 딱 한 가지 밖에 없다. 묻는 것이다. 질문하지 않고 답을 아는 길을 우리는 알지 못한다. 모르는 것은 죄가 아니다. 그러나 모르면서 묻지 않는 것은 죄가 된다. 왜? 그것은 아는 척하는 것이기 때문이다.

"너 자신을 알라."

소크라테스가 한 말의 의미는 무엇일까? "너 자신이 모른 다는 사실을 알라."는 뜻이다. 여기에서 나는 굉장히 중요한 화두를 던지려 한다. 어쩌면 나는 이 질문을 던지기 위해 이 책을 썼는지도 모르겠다. 이제 우리는 스스로에게 이런 질문을 던져야 한다.

"나는 무엇을 모르고 있는가?"

답은 쉬이 찾아오지 않을 것이다. 그러니 곁에 있는 사람들에게 물어도 좋다. 아니, 꼭 묻기를 권한다. 내가 모르고 있는 것이 '무엇'인지를. 사람들은 자기 자신에 대해서는 자신이 제일 잘 안다고 생각하는 어리석음을 범하기 때문이다.

묻지 않으면 답은 나오지 않는다. 질문하는 사람만이 답을 찾는다. 그렇다면 질문은 어떻게 던져야 할까? 질문은 항상 긍정적으로 해야 한다. 사람들이 음악 파일을 불법 다운로드 받기 시작하자 음반회사 사장들이 한자리에 모였다. 그리고는 이런 질문을 던진다.

"어떻게 하면 사람들이 다운로드를 못 받게 할 수 있을까?"

부정적인 질문에는 부정적인 답밖에 나오지 않는다. 아니, 답이 아예 나오지 않는다. 이때 단 한 사람, 긍정적인 질문을 던지는 사람이 있다.

"어떻게 하면 사람들이 돈을 내고 다운로드 받도록 우리가 도울 수 있을까?"

이 질문의 결과는 대단했다. 말 그대로 시장의 판도를 바꿔놓았다. 긍정적인 질문에는 긍정적인 답이 나오는 법. 이것은 스티브 잡스가 만든 애플의 아이튠즈 탄생 스토리다. 어떤가. 질문 하나 긍정적으로 던지느냐 마느냐에 따라 결과는 천양지차다. 어떤 답이 나올지는 이미 그 질문에 방향이 정해져 있기 때문이다.

여기서 또 묻는다. 그럼 창의적 답을 얻으려면 어떻게 해야 할까? 간단하다. 창의적 질문을 던지기만 하면 된다. 끝까지 창의적 질문을 던지면 결국 창의적인 답이 나오게 되어 있다. 문제는 '어떤 질문이 창의적 질문인가' 하는 것이다. 여기에 대해 학생들에게 물으면 "열린 질문, 즉 답이 '예스' 또는 '노'가 아닌 질문이 창의적이다."라는 답이 가장 많다. 닫힌 질문보다는 훨씬 낫다.

그러나 열린 질문이라고 해서 무조건 창의적인 답을 얻는 건 아니다. 더 좋은 방법이 있다. 자신들이 몸담은 업계에서 또는 각자 전공 분야에서 상식으로 통하는 열 가지를 리스트로 만들어라. 그런 후 그 상식에 물음표를 붙여라. 그러면 창의적인 질문이 만들어진다.

어느 조선회사의 직원 교육시간에 가서 이 얘기를 했더니 대뜸 "배는 철로 만든다."는 화두를 던진다. 음료회사 마케팅 팀장 워크숍에서는 한 여성 마케팅 팀장이 5분 정도 생각하다 이렇게 말한다.

"교수님, 뭔가 생각이 떠오릅니다."

"그게 뭔가요?"

"'여름철 음료는 차다'는 화두를 던지니 대박 터질 거 같은 아이디어가 떠올랐어요!"

그래서 "그 아이디어가 뭐냐?"고 했더니 씩 웃으면서 "말해줄 수 없어요." 하는 게 아닌가! 오케이, 철학과 교수가 그거 알아서 뭐하겠는가. 중요한 건 창의적 질문은 상식에 도전하는 것에서 나온다는 사실이다.

이 이야기를 들은 한 CEO가 그냥 넘어가지 않았다. 전 직원이 합의하는 업계 상식 리스트를 만들었다(아직도 업계 상식 리스트가 없다면 지금 당장 만들어라. 상식도 모르고 비즈니스를 할 수 있겠는가?). 명함 크기 종이 앞면에 5개, 뒷면에 5개씩 상식을 쓰게 한 후 항상 이를 소지하게 했다. 그런 후 한 달에 하나씩, 상식에 집중 도전하게 했더니 연말에 하나가 크게 터졌다(아는 사람은 안다. 하나의 성공 상품이 전부를 먹여 살린다는 것을).

나는 처음 나간 미팅 자리에서 그중 누가 가장 힘이 있는지를 바로 알아내는 재주가 있다. 그 비법을 공개한다. 정말 단순하다. 가장 어리석어 보이는 질문을 하는 사람, 그 사람이 가장 힘 있는 사람이다. 왜 그럴까? 가장 근본적인 질문은 어리석어 보이기 때문이다.

"우리 업의 본질은 무엇입니까?"

"오늘 우리가 모인 이유가 무엇인가요?"

"우리는 왜 이 조직에서 일하고 있는 건가요?"

가장 힘이 센 사람만이 이런 질문들을 과감하게 던질 수 있다.

수십만 명의 직원을 거느린 일본의 한 자동차 회사 회장의 이야기를 보자(ERP가 도입되기 전 얘기다). 그는 이렇게 말했다.

"나는 5분 만에 우리 회사 사정을 바로 알 수 있습니다."

"그게 어떻게 가능합니까?" 하고 기자가 묻는다.

"현장 직원에게 '그걸 왜 하고 있느냐' 하고 묻는 겁니다. 그럼 어떤 답이 나오겠지요. '그건 또 왜 그런가?' 하고 묻습니다. 이렇게 다섯 번 '왜?'를 물어서 마지막까지 제대로 답한다면 우리 회사는 잘되고 있는 겁니다."

토요타 자동차 조 후지오 회장의 일화다. 진정, 질문의 위력을 아는 리더다!

철학자에게 경영의 지혜를 묻는 것이 어리석어 보이는가? 지혜를 구하지 말고 지혜를 얻는 방법을 배워야 한다. 그래서 물고기를 주지 말고 낚시하는 법을 가르치라 하지 않던가.

리더는 명령하는 사람이 아니다. 질문하는 사람이다. 명령을 하면 가능성은 닫힌다. 그러나 질문하면 그때부터 가능성이 열리기 시작한다. 리더는 모든 것에 의문을 품는 사람이다. 그리고 그것을 물을 수 있는 용기를 가진 사람이다. 질문을 질문하라. 후회 없는 선택, 최고의 길을 찾고 싶다면 바로 여기에서부터 시작해야 할 것이다.

성공과 실패의 갈림길에서 당신을 구해줄 어느 철학자의 질문수업

최고의 선택

초판 1쇄 발행 2018년 8월 10일
초판 15쇄 발행 2023년 7월 17일

지은이 김형철

발행인 이재진 **단행본사업본부장** 신동해
편집장 김예원 **디자인** [★]규 **마케팅** 최혜진
홍보 반여진 허지호 정지연 **제작** 정석훈

브랜드 리더스북
주소 경기도 파주시 회동길 20
문의전화 031-956-7362 (편집) 031-956-7500 (마케팅)
홈페이지 www.wjbooks.co.kr
인스타그램 www.instagram.com/woongjin_readers
페이스북 https://www.facebook.com/woongjinreaders
블로그 blog.naver.com/wj_booking

발행처 ㈜웅진씽크빅
출판신고 1980년 3월 29일 제406-2007-000046호

© 2018 김형철, 저작권자와 맺은 특약에 따라 인지를 생략합니다.
ISBN 978-89-01-22180-9 03320